Horst Leweling
Ein preußischer Lehrer: August Nebe (1864–1943)
Einblicke in sein Leben und Wirken

IN MEMORIAM

KLAUS NEBE
(1936–2013)

Bibliographische Information der Deutschen Bibliothek:
Die Deutsche Bibliothek verzeichnet diese Publikation in der Deutschen
Nationalbibliografie; detaillierte bibliografische Daten sind im Internet
über http://dnb.d-nb.de abrufbar.

© 2014 Horst Leweling

Gestaltung: Veronika Grigkar (grigkar.de)

Umschlaggestaltung unter Verwendung eines Fotoporträts von August
Nebe aus dem Jahre 1906. Nebe-Familienarchiv.

Herstellung und Verlag: Books on Demand GmbH, Norderstedt

Printed in Germany

ISBN 978-3-73572-406-9

Horst Leweling, geboren 1937. Nach dem Studium der Ev. Theologie in Münster, Tübingen und Göttingen jeweils mehrjährige Tätigkeiten als Gemeindepfarrer in Soest, als Ausbildungsleiter der Diakonenschule der Westfälischen Diakonenanstalt Nazareth/Bethel in Bielefeld, als Direktor der Ev. Bildungs- und Pflegeanstalt Hephata/Mönchengladbach und als Theologischer Vorstand des Ev. Luth. Wichernstifts in Ganderkesee.

Horst Leweling

Ein preußischer Lehrer: August Nebe (1864–1943)

Einblicke in sein Leben und Wirken

„Der eigentliche Wert Preußens
liegt für uns heute nicht
in seiner politischen Geschichte,
sondern in den Eigenschaften der Menschen,
die als Preußen in Preußen lebten."

Richard von Weizsäcker

August Nebe
1864–1943

INHALT

VORWORT 15

EINLEITUNG 16

I. VON ANFÄNGEN UND AUFBRÜCHEN

1. Kindheit und Jugend in Herborn und Roßleben 18
2. Studium in Straßburg, Berlin und Halle 20
3. Probejahr am Domgymnasium zu Magdeburg und
   Studienreise nach Italien 23

**II. ERFÜLLTE LEBENS- UND BERUFSJAHRE UND
IMMER WIEDER NEUE PERSPEKTIVEN**

1. Hilfs- und Oberlehrer am Gymnasium zu Elberfeld 26
2. Oberlehrer und Alumnatsleiter am
   Kaiserin-Auguste-Viktoria-Gymnasium zu Plön 29
3. Direktor des Gymnasiums Johanneum zu Lüneburg 29

**III. ZWEI HERAUSFORDERUNGEN BESONDERER ART,
DAZU IN SCHWEREN ZEITEN**

1. Berlin-Wilmersdorf, Templin und
   das Joachimsthalsche Gymnasium 34
   Berufung zum „Rector Joachimicus"
   Zur Geschichte des Joachimsthalschen Gymnasiums (I)
   Das Joachimsthalsche Gymnasium zu Templin als
   beispielhaftes Werk August Nebes
   Zur Geschichte des Joachimsthalschen Gymnasiums (II)

2. Halle und die Franckeschen Stiftungen 57
   Berufung zum Direktor der Franckeschen Stiftungen
   Zur Geschichte der Franckeschen Stiftungen (I)
   August Nebes Dienst am Lebenswerk August Hermann Franckes
   Zur Geschichte der Franckeschen Stiftungen (II)

IV. VERSTEHENSVERSUCHE

1. Aus Veröffentlichungen von August Nebe 77
2. Kommentar 83
3. Ein preußischer Lehrer 92

NACHWORT 95

ANMERKUNGEN 96
LITERATURHINWEISE 107
VERZEICHNIS DER ABBILDUNGEN 111

Pfarrhaus I in Herborn (erbaut 1840)
Geburtshaus von August Nebe

VORWORT

Aus Anlass der 150. Wiederkehr seines Geburtstages am 29. September 2014 soll hier durch Einblicke in sein Leben und Wirken an August Nebe erinnert werden, der als „klassischer Philologe strenger Schule", als umfassend gebildeter, anregender Lehrer und „als humaner Schulleiter" hohes Ansehen genoss.[1]

Mein Interesse an August Nebe verdankt sich der Vertiefung in die vergleichsweise gut erschlossene, preußisch geprägte Familiengeschichte meiner Frau. Besonders interessiert haben mich Vorfahren der Familie, die nicht lediglich das Kolorit der Zeit an sich erkennen lassen, in der sie gelebt haben, sondern die durch ihr *Lebenswerk* besonders hervorgetreten sind. Zu ihnen gehört mit August Nebe, dem Großvater meiner Frau, ein wichtiger Repräsentant und Mitgestalter des preußischen höheren Schulwesens.

Dass sich unter meinen Büchern ein Buch aus der Bibliothek von August Nebe befindet, wäre nicht weiter der Rede wert, wenn es nicht ausgerechnet in August Nebes Geburtsjahr 1864 erschienen wäre. Es handelt sich um „Die Chronik der Sperlingsgasse" von Wilhelm Raabe bzw. um die zweite Auflage von Raabes Erstling. Im Vorwort schreibt Wilhelm Raabe: „Es steht zu keiner Zeit ein Glück so fest, daß es nicht von einem Windhauch umgestürzt werden könnte."[2] Ein Gedanke, der vielleicht ja auch mit dem hier vorgelegten Lebensbild in Verbindung gebracht werden kann.

Anita Schlehenkamp gilt mein herzlicher Dank für die Betreuung des Manuskripts und die Erstellung der Druckvorlage.

Huntlosen im März 2014
Horst Leweling

EINLEITUNG

Der lange Text der lateinisch verfassten Urkunde, die „AUGUSTO NEBE HASSO-NASSOVIO", dem „VIRO REVERENDO AC DOCTISSIMO", im Jahre 1936 aus Anlass seiner „goldenen Promotion" von der Universität Halle-Wittenberg überreicht wurde, lenkt den Blick zurück auf ein reiches Lehrer- und Gelehrtenleben. Dabei wird auf die verschiedenen Lebensstationen, Tätigkeitsfelder und Interessenschwerpunkte von August Nebe Bezug genommen – in der knappen und zugleich würdigenden Weise, wie das in einem Urkundentext gewöhnlich geschieht.

Was der Urkundentext nur andeuten kann, soll im Folgenden entlang den in der Urkunde aufgezählten Lebensstationen ausführlicher dargestellt werden.

Wenn die Erinnerung an August Nebe unter der Überschrift „Ein preußischer Lehrer" erfolgt, hat das allerdings nicht – wie man vorurteilsgeleitet annehmen könnte – mit der Vorstellung eines Lehrers zu tun, der sich von einer Devise wie „Stramm, stramm, stramm; alles über einen Kamm"[1] hätte leiten lassen oder schulischem Drill das Wort geredet hätte. Das Preußische an August Nebe war von anderer Art. Es verweist auf eine Schultradition, die – jenseits der für die zweite Hälfte des 19. Jahrhunderts häufig beklagten Tendenz zur Militarisierung des Schulwesens – zu erkennen gibt, dass zu den „Grundbegriffen preußischen Wesens" auch die Freiheit für das Individuum gehört.[2]

Als August Nebe noch Schüler der Klosterschule in Roßleben an der Unstrut war, bekam er von seinem Deutschlehrer einmal einen Aufsatz mit der Bemerkung zurück: „Lieber August, ich könnte zwar manches an Deinem Aufsatze aussetzen, aber ich habe Dir schon lange das Recht zugestanden, Deine eigene Meinung zu haben."[3]

Was August Nebe bei aller preußischen Strenge seiner Schule damals an Respekt erfahren hatte, das sollte ihn später auch als Lehrer bestimmen. Nachdrücklich verlangte er die Achtung der Eigenart eines jeden Schülers. Er gab zu bedenken, dass eine Schule nicht „einseitig nivellierend und uniformierend" wirken dürfe. Schließlich seien ja doch „die blassen Musterknaben ohne eigene Note" nicht das erstrebenswerte Ziel pädagogischer Bemühungen.[4] Freilich forderte er – auch darin war er einem preußischen Grundbegriff verpflichtet – zugleich die „Verantwortung für das Ganze" ein. „Aufgabe der Erziehung", so formulierte er, „wird also eine höhere Vereinigung der Rechte des einzelnen und der Gemeinschaft sein, die alle Einseitigkeit meidet."[5]

Auch eine erkennbar berufswegorientierte Darstellung des Lebens und Wirkens von August Nebe wie die vorliegende bezieht selbstverständlich das *Familiengeschichtliche* mit ein.

Und wenn die weit über die Familiengeschichte hinausgehenden *historischen* Anteile der Darstellung vergleichsweise einen großen Raum einnehmen, dann hat das nicht zuletzt mit dem zu tun, was August Nebe selber eingefordert hat. Ihm lag an einem historischen Denken und Verstehen, das der älteren Geschichte gegenüber der neuen ihr Recht lässt. Von einem „Loshasten" auf die jeweils neueste Geschichte zu Lasten der alten hielt er nichts.

I.
VON ANFÄNGEN UND AUFBRÜCHEN

1. Kindheit und Jugend in Herborn und Roßleben

August Georg Ferdinand Nebe wurde am 29. September 1864 im nassauischen Herborn geboren. Sein Vater Johann *August* Georg Heinrich Nebe (geboren 1826 in Koblenz, gestorben 1894 in Roßleben) war damals Inhaber der ersten Herborner Pfarrstelle und zugleich Professor am dortigen Predigerseminar, einer Nachfolgeeinrichtung der im Jahre 1584 gegründeten Hohen Schule zu Herborn.[1] Später war er Dekan der Dekanate Herborn und Dillenburg, Mitglied der Theologischen Prüfungskommission in Wiesbaden und Direktor des Predigerseminars, „dessen Erweiterung für Rheinland und Westfalen in Aussicht genommen war, und für das er das alte Schloss als künftiges Heim zu gewinnen verstand."[2] Besonders bekannt wurde August Nebes Vater durch seine wissenschaftliche und erbauliche Auslegung der evangelischen und epistolischen Perikopen des Kirchenjahres – ein Werk, das schließlich sechs Bände umfasste und ihm in Theologenkreisen den Namen „Perikopen-Nebe" eintrug.[3] Nicht zuletzt wegen seiner Arbeiten über die Perikopen wurde ihm seitens der Theologischen Fakultät zu Marburg im Jahre 1868 die Ehrendoktorwürde verliehen.

August Nebes Mutter – Caroline Nebe, geb. Keßler († 1891) – stammte aus Roßleben an der Unstrut. Sie war die Tochter von Professor Dr. Keßler, der an der Roßleber Klosterschule Konrektor war. Einer seiner Schüler dort war August Nebes Vater, Sohn des damaligen Roßleber Gemeindepfarrers Johann Friedrich Nebe (1788–1859).

Ausgerechnet aus Roßleben erreichte den Vater im Jahre 1870 der Ruf, die dortige Pfarrstelle zu übernehmen. Dass er diesen Ruf annahm, war gewiss auch durch die Jugenderinnerungen mitbedingt, die ihn und seine Frau mit Roßleben verbanden.

Aber auch der Gedanke an die zukünftige Ausbildung der Kinder sprach für Roßleben. In Herborn wäre eine geeignete schulische Ausbildung „der großen Kinderschar" wohl mit größeren organisatorischen Schwierigkeiten verbunden gewesen. Zehn Kinder waren dem Ehepaar Nebe in Herborn geboren worden, drei Töchter und sieben Söhne. In Roßleben wurde dann als elftes Kind noch einmal ein Sohn geboren.[4]

August Nebe war das sechste Kind der Familie. An seine Roßleber Jugend- und Schuljahre erinnerte er sich immer ausgesprochen gern.

Nach dem Besuch der Volksschule wurde er im Jahre 1875 in die Roßleber Klosterschule aufgenommen. Die im Jahre 1554 durch Heinrich von Witzleben, den ersten protestantischen Ritter Thüringens, in einem ehemaligen Zisterzienserinnen-Kloster gegründete Schule fiel im Jahre 1639 den Wirren des 30-jährigen Krieges zum Opfer und war nach einem Brand im Jahre 1686 nur noch eine Ruine. Im Jahre 1743 aber wurde sie wieder aufgebaut, und fortan war sie eine von der Quarta bis zur Prima führende Schule mit angeschlossenem Alumnat. In ihr sollten „junge Leute vom reiferen Knabenalter bis zum Übergang zur Universität in klassischer Bildung, evangelischer Frömmigkeit und echter Vaterlandsliebe herangebildet werden".[5] Ihre besondere Prägung erfuhr die Schule durch den hohen Anteil von Schülern aus adligen Familien.

Die Klosterschule Roßleben um 1800

Das Kloster, wie die ganze Schulanlage kurz genannt wurde, war von imponierender Größe, und seine ebenso zweckmäßige wie reiche Ausstattung suchte ihresgleichen. Zusammen mit den Lehrerwohnhäusern, dem Klosterpfarrhaus, dem klostereigenen Gutshof, der Administration und den gepflegten Parkanlagen bildete das Kloster ein Ensemble, das viele Bewunderer fand. Dass das Kloster in die wunderschöne Landschaft des Unstruttales eingebettet war, tat ein Übriges. Von ehemaligen Schülern stammt die in eine der Klostermauern eingelassene Steintafel mit der Inschrift: „Felices ter et amplius studiique locique sodales." („Dreimal, zehnmal glücklich, die hier lernen und dieses schönen Stückes Erde sich freuen durften!")[6] Und als Johann Gottfried Herder im Jahre 1800 seinen Sohn in die Klosterschule brachte, fasste er – nachdem er sich überall umgesehen hatte – seine Bewunderung in die Worte: „Die Erde ist doch kein Jammertal."[7]

August Nebe wurde in die Klosterschule zunächst lediglich „versuchsweise" aufgenommen. Er absolvierte dann aber die Schule mit einem solchen Erfolg, dass er anlässlich der Abiturfeier im Herbst des Jahres 1882 als Sprecher seiner Mitabiturienten die Abschiedsrede halten durfte. Auf dieses Beispiel einer geglückten Schulkarriere[8] verwies August Nebe später gern, wenn er mit Eltern zu tun hatte, die sich um die Entwicklung ihrer Sprösslinge Sorgen machten. Wie sehr August Nebe durch seine Roßleber Jahre geprägt wurde, wird noch deutlich werden.

2. Studium in Straßburg, Berlin und Halle

Nach seinem Abitur ging August Nebe nach *Straßburg*, wo er bei einem dort stationierten Infanterieregiment ein Jahr lang seinen Militärdienst ableistete und in demselben Jahr – mit dem Ziel, Lehrer zu werden – auch Altphilologie und Germanistik studierte. Die sogenannten „Einjährigen" unter den Studenten hatten in der Regel lediglich vormittags zu „dienen", während ihnen nachmittags Zeit blieb, ihre „Collegs" zu besuchen.[9]

Der Militärdienst war für August Nebe – nicht zuletzt seiner

„steifen Stelzenbeine" wegen – ziemlich anstrengend, zudem aber auch langweilig. „Am besten", schreibt er einem Freund, „gefällt mir die Instruction, da gibt es doch wenigstens etwas zu lachen." Zwar galt „langes Lachen" als unmilitärisch, aber das musste einen ja nicht kümmern.

Dass August Nebe „bei der vielen körperlichen Arbeit von Tag zu Tag mehr die geistige" vermisste, nimmt bei einem „Bücherwurm" wie ihm nicht wunder. Da freute er sich denn besonders an den „elf Collegs", die er belegt hatte und die er, wenn eben möglich, regelmäßig besuchte. Günstig für ihn, dass Kaserne und Universität „nur 8 Minuten" voneinander entfernt lagen und dass er „in der Mitte der Judengasse" eine zentral gelegene Wohnung hatte. Zwar konzentrierte sich August Nebe auf die von ihm gewählten Fachgebiete, aber neben seinen philologischen Studien und seiner Mitarbeit in einem wissenschaftlichen Verein blieb noch Zeit für den Besuch anderer Lehrveranstaltungen. Einiges hörte er zwar „nur zum Vergnügen", aber er lernte dabei dennoch (oder eben deshalb?) so manches. „Tüchtiges Lernen und Arbeiten" verlangten vor allem zwei Proseminare, das eine über Aristophanes, das andere über Livius. August Nebe ließ sich gern darauf ein und verbrachte so manchen Abend auf seiner Bude mit der Nacharbeit des in den Seminaren Gebotenen. Besonders gern erinnerte er sich später an den Besuch einer Shakespeare-Vorlesung und an die Teilnahme an einem Kolleg Wilhelm Windelbands über „Hauptprobleme der Philosophie".[10] Verständlich, dass er nicht darauf aus war, auch noch Zeit für die Betätigung in einer studentischen Verbindung zu opfern. Die „Burschenschaft Germania" hätte ihn wohl gern in ihren Reihen gehabt.

Zeit aber blieb für „schöne, poetisch verklärte Abende im engeren Freundeskreis", an die August Nebe später ebenso gern zurückdachte wie an die anregenden Gespräche im gastlichen Hause des „Bürgermeistereiverwalters" Stempel, dessen Frau eine Cousine seines Vaters war.[11]

Im Herbst des Jahres 1883 setzte August Nebe dann sein Studium in *Berlin* fort, wo er die Vorlesungen des preußenbegeisterten Historikers Heinrich von Treitschke besonders anregend fand.[12] Ein Jahr

Das Straßburger Münster

später ging es dann nach *Halle*. Dort wohnte er ein Semester lang mit seinem jüngeren Bruder Bernhard zusammen, der dort sein Jurastudium begann. Schon nach zwei weiteren Semestern in Halle, die nur durch eine achtwöchige Feldwebelübung in Straßburg unterbrochen wurden, konnte August Nebe seine Dissertation einreichen – eine Arbeit über die sogenannten „Eleusinischen Mysterien", auf Grund der er im Juni 1886 mit Auszeichnung zum Dr. phil. promovierte.[13] Das spezielle Interesse an der griechischen Antike, das sich in seiner Dissertation bekundete, führte durchaus nicht zur Vernachlässigung anderer Wissensgebiete. Wie breit gefächert das Interesse von August Nebe vom Beginn seines Studiums an war, ließ sein im Sommer 1887 abgelegtes Staatsexamen erkennen, das ihm die Lehrbefähigung in gleich vier Fächern bescheinigte: in Griechisch, Latein, Deutsch und evangelischer Religion. In Religion erwarb er zunächst nur die so genannte „kleine Fakultas", die aber konnte er später – auf Grund der im Selbststudium betriebenen Erweiterung von Vorkenntnissen, die er ja „von Haus aus" mitbrachte – zu einer vollen Fakultas ausbauen. Jedenfalls gelang ihm das, „ohne jemals eine theologische Vorlesung gehört zu haben", wie er nicht ohne Stolz betonte.[14]

3. Probejahr am Domgymnasium zu Magdeburg und Studienreise nach Italien

Im Herbst 1887 trat August Nebe dann sein Probejahr am Magdeburger Domgymnasium an, das von 1675 bis 1950 ein bedeutendes Gymnasium war[15] und das im Jahre 1989 als privates „Ökumenisches Gymnasium Magdeburg" neu gegründet wurde. Neben seinen Unterrichtsverpflichtungen arbeitete August Nebe dort in einem von Schulräten geleiteten pädagogischen Seminar mit, dessen Senior er zuletzt war.

Gewiss wäre August Nebe nach allem, was er bisher hatte erkennen lassen, auch ohne das besondere Erlebnis einer Bildungsreise ein guter Philologe und Lehrer geworden. Aber das Angebot seines Onkels Emil Nebe, ihm eine mehrmonatige Italienreise zu ermöglichen, wollte er verständlicherweise nicht ausschlagen.

Sein Onkel war – wie sich August Nebe später erinnerte – der „ideale Familienonkel". Emil Nebe, der Junggeselle geblieben war, hatte sich – nach dem gewinnbringenden Verkauf seines Rittergutes und seiner Ziegelei – ins Private zurückgezogen, war aber beileibe nicht nur auf sein eigenes Wohl bedacht. Vielmehr begleitete er stets wohlwollend und fördernd die Lebenswege vor allem seiner jüngeren Verwandtschaft. Was seinen Neffen August betraf, so war der Onkel der Meinung, ein klassischer Philologe müsse um die Stätten der Antike nicht nur aus zweiter Hand wissen, er müsse auch einmal eine Reise dorthin unternommen haben. Wenn das sein Neffe nicht täte, dann habe das Studium aus ihm – davon war der Onkel überzeugt – allenfalls ein „gelehrtes Rindvieh" gemacht.[16] So stattete er seinen Neffen mit dem Notwendigen aus, und der begab sich nach seinem Magdeburger Probejahr auf eine Studienreise, deren Hauptstationen Florenz, Rom, Neapel und Venedig waren.

Die Monumente der Antike und die späterer Zeiten, die reichen Bestände der Museen, vor allem auch der „anspornende Umgang" mit Archäologen und Philologen: die Erinnerung daran blieb in August Nebe lebendig und verband sich ihm mit der freundlichen Erinnerung an Land und Leute. Durch Briefe nach Hause ließ er auch seine Eltern an Erlebnissen seiner Studienreise teilhaben, wobei ein Erlebnis, von dem August Nebe aus Rom berichtete, aus leicht nachvollziehbaren Gründen vor allem bei seinem Vater gut ankam. Der Sohn hatte dem Vater von einem jungen Archäologen berichtet, der an seinem Schreibtisch auf dem Kapitol saß und mit der Vorbereitung einer Predigt befasst war, die er in der Kapelle der Deutschen Botschaft halten wollte. Und dazu schlug er doch tatsächlich einen Band der Perikopenbearbeitungen von Vater August Nebe auf – eine Begebenheit, die übrigens später nur noch dadurch überboten wurde, dass man aus der Missionsarbeit berichtete, die „Perikopen" würden selbst in Indien benutzt.[17]

In Rom hat August Nebe natürlich auch den Petersdom besucht, und er war darauf bedacht, dort auch einmal den Papst zu erleben; „denn einen solchen pomphaften Aufzug mitanzusehen", schreibt er an seine Eltern, gehöre doch schließlich zu einem römischen Aufenthalt dazu.[18] Die reiche und kostbare Ausstattung des Petersdoms findet durchaus seine Bewunderung. Allerdings vermittelt ihm St. Peter nicht den Eindruck, in einer Kirche zu sein. Dazu ist ihm „das muntere Geplauder der sogenannten Andächtigen" zu laut und störend. Aber auch wenn es abends stiller zugeht und „alle Kerzen flammen", fühlt er sich – was er auf den alle Räume durchdringenden Weihrauch zurückführt – weniger in einer Kirche als „im Feenreich".

Wissenschaftlich bedeutsam war eine Entdeckung, die August Nebe in der berühmten Florenzer „Biblioteca Medicea Laurentiana" machte. Dort stieß er auf einen der Wissenschaft bis dahin verborgen gebliebenen Schriftencodex des griechischen Arztes Sextus Empiricus aus dem dritten nachchristlichen Jahrhundert.[19]

Zur Auswertung seines Fundes kam er erst sehr viel später, als er es eigentlich vorhatte. August Nebe hatte sich sehr gewünscht, nach seiner Rückkehr aus Italien eine Lehrerstelle in Halle zu bekommen. Dort hätte er für seine wissenschaftliche Arbeit die ihm vertraute Universität nutzen können, und über Sextus Empiricus hätte die wissenschaftliche Welt dann schon viel eher Neues erfahren. Aber nun ging es zunächst in anderer Richtung weiter, und wissenschaftliche Ambitionen hatten zurückzustehen. Statt in die Provinz Sachsen ging es ins Bergische Land.

II.
ERFÜLLTE LEBENS- UND BERUFSJAHRE UND IMMER WIEDER NEUE PERSPEKTIVEN

1. Hilfs- und Oberlehrer am Gymnasium zu Elberfeld

Nach seiner Rückkehr aus Italien fand August Nebe eine Anstellung am Gymnasium in Elberfeld, einer Schule reformierter Tradition, deren Vorgeschichte bis ins 16. Jahrhundert zurückreicht. Die Schule wurde später mit der alten Lateinschule der Barmer Reformierten Gemeinde zum „Barmer Gymnasium in Elberfeld" vereinigt, dem heutigen Wuppertaler Wilhelm-Dörpfeld-Gymnasium.

August Nebe hatte im Elberfelder Gymnasium, das seinerzeit von dem früheren Roßleber Rektor Scheibe geleitet wurde, vornehmlich in den unteren Klassen zu unterrichten, wie er später im Ton leisen Bedauerns feststellte, erst gegen Ende seiner Elberfelder Zeit kam er – im Fach Deutsch – auch in der Oberstufe zum Zuge. Ansonsten aber hatte er rückblickend nur Positives zu berichten. Dem Lehrerkollegium, das „hier weniger steif als in Magdeburg"[1] war, wie August Nebe nach Hause berichtete, fühlte er sich mehr und mehr auch innerlich zugehörig. Und wenn ihm seine Kollegen – zumal wenn sie „mit dem mächtigen Stoß zu corrigierender Hefte ins Conferenzzimmer" traten – zunächst einigermaßen „heftig" vorkamen, so erkannte er doch schnell, dass sie „im übrigen sehr gemütlich" waren. Vor allem aber erkannte er, dass von vielen seiner älteren Kollegen einiges zu lernen war.

Nur wenige seiner Kollegen teilten allerdings August Nebes lebhaftes historisches Interesse, das ihn bald mit dem Bergisch-Märkischen Geschichtsverein in Verbindung brachte, dem er sich später als Schriftführer zur Verfügung stellte. Durch seine Mitarbeit im Geschichtsverein, aber auch durch seine Vortragstätigkeit in wissenschaftlichen und kirchlichen Vereinen kam er schließlich in guten Kontakt zu weiten Kreisen der Stadt.

Zusammen mit einem Kollegen wohnte August Nebe im Hause eines Tischlermeisters, dem es übrigens ein Leichtes war, den für seinen Untermieter etwas zu niedrig geratenen Schreibtisch auf die erforderliche Höhe zu bringen. Durch seinen Schreibtisch allerdings ließ sich August Nebe nicht davon abhalten, „die nahen Höhen und die nahen Thäler" zu erwandern, und gern schloss er sich geschichtskundlichen Wanderungen und Exkursionen an, so zum Beispiel auch einer zweitägigen Wanderung von älteren Schülern „durch das Lenne- und Volmethal".

Am 14.12.1892 machte August Nebe einem seiner Brüder die (einstweilen noch nicht für die Öffentlichkeit bestimmte) Mitteilung, „dass ich mich eben verlobt habe. Meine Franziska wirst du hoffentlich bald kennen lernen. Ihre Mutter, eine verwittwete [sic] Pastorin Martens aus Verden a.d.A. kommt am Sonntag hierher. Dann darf ich mein Glück der Welt verkünden."[2]

August Nebe hatte seine Braut im Hause seines Kollegen Professor Dr. Ludwig Martens kennen gelernt, dessen Nichte Franziska war. Franziska Martens, am 28.4.1874 in Curslack bei Hamburg geboren, war nach dem frühen Tod ihres Vaters, Pastor Ferdinand Martens, in Verden an der Aller aufgewachsen. Dort fand am 22.8.1893 auch die Hochzeit statt. Von den sieben Kindern, die aus dieser Ehe hervorgingen, wurden vier Kinder in Elberfeld geboren: August-Ferdinand am 19.1.1895, Johannes am 5.5.1896, Maria am 25.11.1897 und Johann Ludwig Werner am 21.1.1899.[3]

In einer Chronik ist nachzulesen, dass August Nebe in Elberfeld „zehn Jahre hindurch eine offenbar glückliche und anregende Lehrtätigkeit entfaltete"[4], und das lässt durchaus wohl auch einen positiven Rückschluss auf seinen familiären Lebenskreis zu.

Während seiner Elberfelder Jahre – das belegen entsprechende Veröffentlichungen – befasste sich August Nebe intensiv mit dem Gedankengut des reformierten Predigers und Pädagogen Johann Amos Comenius (1592–1670), der an der Hohen Schule zu Herborn studiert hatte und dessen pädagogische Schriften von großem Einfluss auf das Schulwesen seiner Zeit waren. Dass sich August Nebe auf Comenius konzentrierte und damit den Blick auf Herborn und die von der dortigen Hohen Schule damals repräsentierte reformierte Tradition zurücklenkte, ergab sich nicht einfach zufällig. Wie die späteren Stationen seines Wirkens noch genauer erkennen lassen werden, fragte August Nebe immer gründlich danach, welche Traditionen das Feld seiner jeweiligen Tätigkeit geprägt hatten und was davon für die Gegenwart noch von Belang sein könnte.

2. Oberlehrer und Alumnatsleiter am Kaiserin-Auguste-Viktoria-Gymnasium zu Plön

Nicht zuletzt aus wirtschaftlichen Gründen – die große Familie benötigte einen besseren finanziellen Zuschnitt – kam es August Nebe gelegen, dass er im Jahre 1899 an das „Kaiserin-Auguste-Viktoria-Gymnasium" zu Plön berufen wurde. Den Ruf nach Plön erhielt August Nebe völlig „ungesucht", wie er später berichtete[5], und als er sich mit seiner Familie dorthin aufmachte, war auch seine Schwiegermutter Clara Martens, geb. Kirstein, dabei, die sich der Familie schon in Elberfeld angeschlossen hatte und die fortan den Lebensweg der Familie über alle Stationen hin mitvollzog.

Was das Plöner Gymnasium betrifft, so handelte es sich dabei um eine alte holsteinische Gelehrtenschule, die im Jahre 1867 – nach dem Sieg der Preußen und Österreicher über Dänemark im Jahre 1864 – „Königlich Preußisches Gymnasium" geworden war und die dann im Jahre 1897 ihren (bis zum Ende des Ersten Weltkriegs beibehaltenen) neuen Namen erhalten hatte. Als „Gymnasium Schloss Plön" besteht die Schule heute noch, und auch der älteste Gebäudeteil der Schule ist noch vorhanden – jenes Gebäude, das im Jahre 1899 als Neubau bezogen wurde. Das war damals die Wirkungsstätte von August Nebe. Anders als in Elberfeld wurde ihm diesmal fast ausnahmslos Unterricht in der Oberstufe zugewiesen. Zugleich war er für das auf 30 Plätze ausgelegte neue Alumnat der Schule zuständig.[6]

August Nebe konnte nicht ahnen, wie sehr es ihm einmal zustattenkommen sollte, dass er sich schon früh mit den besonderen

Aufgaben der Alumnatserziehung vertraut gemacht und dass er sich in mancherlei Verwaltungsgeschäfte gut eingearbeitet hatte. Auch wäre es ihm wohl kaum in den Sinn gekommen, dass ein ihm aus Plön bekannter Schulrat, der später ein wichtiger Entscheidungsträger im preußischen Kultusministerium werden sollte, sich einmal seiner erinnern würde, als es darum ging, die Direktorenstelle eines traditionsreichen Alumnatsgymnasiums zu besetzen. Die Tatsache, dass ein großer Alumnatsbetrieb – wie sich in Plön herausstellte – auch die Familie des Alumnatsleiters nicht unbehelligt lässt, blieb ihm ein wichtiger Erfahrungshintergrund, vor dem die später an anderem Ort von ihm vertretenen und umgesetzten Alumnatskonzepte gut verständlich werden.

Kaum dass er sich in Plön, dieser „kleinen Landstadt mit ihrer schönen Umgebung"[7] richtig entfaltet hatte, wurde August Nebe im Juni 1901 zum Leiter des bekannten Lüneburger Johanneums gewählt. Im Jahre 1902 machte sich daraufhin die in Plön um ein Kind reicher gewordene Familie (am 23. 4. 1901 wurde – als fünftes Kind – Johann Gustav Adolf geboren) nach Lüneburg auf, wo August Nebe im Frühjahr desselben Jahres seinen Dienst anzutreten hatte.

3. Direktor des Gymnasiums Johanneum zu Lüneburg

Das im Jahre 1406 gegründete Johanneum, eines der ältesten Gymnasien in Deutschland, erlebte bis zum 30-jährigen Krieg eine stetige Aufwärtsentwicklung, die es einer prosperierenden Stadt verdankte, durchlebte dann schwere Zeiten in Verbindung mit einem drastischen Rückgang der Schülerzahl und gelangte erst Anfang des 19. Jahrhunderts – nicht zuletzt dank eines wiedererstarkten Bürgertums – in die Bahnen einer das ganze Jahrhundert hindurch andauernden positiven Entwicklung. So konnte ein Hannoverscher Oberschulrat im Jahre 1829 erklären, „daß [das] Johanneum nicht bloß die beste Schule im Hannoverschen sei, sondern auch unter den dreißig Schulanstalten, die er in seinem vorigen Wirkungskreise als preußischer Schulrat kennen gelernt habe."[8] Und im Jahre 1906, dem Jahr ihres 500-jährigen Bestehens, konnte die Schule „ein unschätzbares Kleinod" genannt werden.[9]

An der positiven Entwicklung der Schule im 19. Jahrhundert hatte der 1823 zum Rektor berufene Dr. Karl Haage einen hervorragenden Anteil. Karl Haage sorgte für die Aufnahme neuerer Sprachen und mathematisch-naturwissenschaftlicher Fächer in den Lehrplan.[10] Im Jahre 1834 kam es auf sein Betreiben zur Gründung einer mit dem Gymnasium verbundenen Realschule, die eine der ersten Schulen ihrer Art in Deutschland war, die allererste jedenfalls im Hannoverschen. Als „Lehrgegenstände" der neuen „Realclassen" wurden im Gründungsjahr „Religion, deutsche, französische und englische Sprache, Mathematik, praktisches Rechnen, Naturgeschichte, Schreiben, Handzeichnen und Gesang" aufgeführt.[11] Die Realschule entwickelte sich dann im Laufe der Zeit – als besonderer Zweig des humanistischen Gymnasiums – zum „Realgymnasium", an dem erstmals im Jahre 1870 auch das Abitur abgelegt werden konnte. Das alles geht aus einer von August Nebe für die Schulfestschrift des Jahres 1906 verfassten Abhandlung über die Geschichte des Johanneums in der Zeit von 1806 bis 1906 hervor.[12]

Der in den Jahren 1870 bis 1872 entstandene Neubau des Gymnasiums Johanneum zu Lüneburg

Über die Größe der Aufgabe, vor die sich August Nebe in Lüneburg gestellt sah, kann anhand der folgenden Zahlen nachgedacht werden: Im Jahre 1906 hatte die Schule insgesamt 663 Schüler, die sich auf 20 Klassen verteilten. Der gymnasiale Zweig der Schule hatte (verteilt auf neun Klassen) 286 Schüler, der realgymnasiale Zweig (verteilt auf acht Klassen) 270 Schüler, und in der Vorschule befanden sich (verteilt auf drei Klassen) 107 Schüler.[13] Angesichts solcher Zahlen verwundert es nicht, wenn August Nebe in seiner Festansprache zum 500-jährigen Bestehen der Schule sagte: „Kein weiteres Wachsen nach außen, sondern ein Wachsen und Erstarken nach innen ersehnen wir alle."[14]

Tatsächlich stieg die Schülerzahl bis zum Ersten Weltkrieg nicht mehr weiter an, und die innere Konsolidierung der Schule konnte offenbar gelingen. Wohl ein Verdienst August Nebes, dessen Wirken zunehmend Anerkennung fand. In einer Festschrift des Johanneums von 1956 heißt es unter der Überschrift „Das Johanneum zu Lüneburg für den Zeitabschnitt 1906–1923" in Erinnerung an August Nebe: „Durch seine vornehme Gesinnung, sein Wissen und Können hatte er [...] nicht nur das Vertrauen der Stadt und der vorgesetzten Behörde, die Wertschätzung seiner Mitarbeiter, sondern auch die Liebe seiner Schüler gewonnen."[15] Die aber hatten ihren beliebten Lehrer und Direktor, als ihn im Jahre 1909 ein Ruf aus Berlin erreichte, schon bald wieder zu verabschieden.

Anlässlich seiner Verabschiedung mag sich August Nebe gefragt haben, ob er nicht doch lieber in Lüneburg hätte bleiben sollen. Das große Lehrerkollegium war ihm als einem der jüngeren Lehrer der alten Schule von Anfang an sehr zugetan gewesen und hatte sich seinen Veränderungsvorschlägen gegenüber stets offen gezeigt, das Provinzialschulkollegium hatte ihm großes Vertrauen entgegengebracht und ihm schon 1904 die Leitung des pädagogischen Seminars übertragen, und die glänzend verlaufene Feier zum 500-jährigen Bestehen der Schule hatte ihm, wie er später rückschauend bekräftigte, „eine feste, gesicherte Stellung" verschafft.

Seine um zwei Kinder reicher gewordene Familie – am 24.7.1902 wurde Sohn Martin geboren und am 23.1.1904 Tochter Johanna Elisabeth – hatte sich in Lüneburg gut eingelebt. Dass er seinem alten Roßleber Mathematiklehrer (Geheimrat Dr. Plath, nunmehr

Regierungsschuldirektor) in Lüneburg wiederbegegnet war, hatte in August Nebe das positive Lüneburggefühl nur noch verstärkt, zumal man mit der Familie Plath und ihren 15 Kindern offenbar auch „angenehmen Familienverkehr" hatte anknüpfen können. Und dann gab es ja noch „ein nettes Haus", das die Familie erworben hatte und das „in den Anlagen dicht bei dem Johanneum" lag, und auch die gesunde, einer „gedeihlichen Entwicklung" der Kinder förderliche Luft sprach für Lüneburg.[16] Was Wunder, dass August Nebe „Anfragen von auswärts (aus Gütersloh, Danzig und Berlin) wegen Übernahme an dortige Gymnasien" abgelehnt hatte.[17]

Nun aber war eine Anfrage aus Berlin gekommen, die es in sich hatte und der schwer zu widerstehen war. August Nebe war schließlich bereit, einer Berufung nach Berlin zuzustimmen.

Mit Wehmut erinnerte er sich später an eine „Abschiedsfeier so stimmungsvoll und schön, wie sie nur in Lüneburg möglich war,"[18] vor allem an den Fackelzug, mit dem ihn seine Schüler geehrt hatten.[19] Und die Nachbildung eines im Lüneburger Rathaus aufbewahrten Schmuckstücks, „ein großer Pokal in edelsten Formen",[20] das Abschiedsgeschenk des Kollegiums, vermochte fortan diese wehmütige Stimmung immer wieder hervorzurufen – in Verbindung mit der Erinnerung an vergleichsweise goldene Lüneburger Zeiten.

*August Nebe mit seinen Söhnen
August Ferdinand (oben links) und Johannes (oben rechts)
sowie (von links nach rechts) Gustav, Ludwig und Martin
im Jahre 1906 in Lüneburg*

III.
ZWEI HERAUSFORDERUNGEN BESONDERER ART, DAZU IN SCHWEREN ZEITEN.

1. Berlin-Wilmersdorf, Templin und das Joachimsthalsche Gymnasium

BERUFUNG ZUM „RECTOR JOACHIMICUS"

Zu seiner nicht geringen Überraschung wurde August Nebe im Januar 1909 zu einer als wichtig eingestuften Besprechung nach Berlin eingeladen. Einlader war Geheimrat Dr. Köpke aus dem preußischen Kultusministerium, der übrigens seinen Gast in seine Berliner Privatwohnung einlud – und dazu noch an einem Sonntag.[1] Er hatte August Nebe als jungen Lehrer in Plön erlebt – sowohl im Unterricht als auch im persönlichen Gespräch. Und der Eindruck war offenbar nachhaltig; denn jetzt sprach Dr. Köpke den damaligen jungen Plöner Oberlehrer auf die Leitung des berühmten Joachimsthalschen Gymnasiums zu Berlin-Wilmersdorf an – und zugleich darauf, die Verlegung des Gymnasiums nach Templin in der Uckermark durchzuführen und das mit dem Gymnasium zusammengehörende Alumnat nach modernen pädagogischen Erkenntnissen zu reorganisieren. Offenbar um dem Angebot Nachdruck zu verleihen, fügte Dr. Köpke hinzu, dem neuen Leiter werde – entgegen sonstigen Gepflogenheiten – ein maßgeblicher Einfluss bei der Anstellung von Lehrern und Erziehern zugestanden. August Nebe erkannte, dass gute Gründe dafür sprachen, nach Berlin zu gehen, und so trat er denn bereits am 1.7.1909 – als Nachfolger des angesehenen Gelehrten und Lehrers Carl Bardt (1843–1915) – seinen Dienst in Berlin-Wilmersdorf an, wo das Joachimsthalsche Gymnasium zunächst noch seinen Standort hatte.

Der erste Eindruck – auch auf Seiten der Familie – war der, dass sich hier alles in anderen, vorher nicht gekannten Dimensionen darstellte. „Die Aufregung und das Getriebe der Großstadt, Anregung und Abziehung zugleich bringend"[2], das monumentale

Schulgebäude mit seiner reichen Ausstattung[3], die „imposanten Diensträume", „in denen Menschen und Möbel fast verschwanden", das geräumige Direktorenhaus, mit einem „morgengroßen Garten, der ganze Kinderscharen anlockte": Alles das war anziehend und gewöhnungsbedürftig zugleich, und man hätte sich auf die neue Lebenssituation wohl gern intensiver eingelassen, wenn sie mehr hätte sein können als eine Übergangssituation. Dass man, kaum hier, schon bald wieder aufbrechen würde, um ins „weltenferne Templin" zu ziehen, war ja von vornherein klar.[4] Während sich Franziska Nebe, wie einem ihrer Briefe zu entnehmen ist, „ganz unbändig auf das ruhigere Leben in Templin"[5] freute, hielt sich die Begeisterung ihrer Söhne in Grenzen. Für die Söhne stand Templin für eine „Versetzung auf's Land", was Franziska Nebe, die selber „das viele Versetztwerden" nie „ganz einfach" gefunden hatte, gut nachvollziehen konnte. Was ihr Mann jeweils als Berufung erlebte, zu der er sich so oder anders verhalten konnte, kam für sie ja einer Versetzung gleich. Was allerdings Templin betrifft, so verhält sich die Sache anders. Franziska Nebe wurde, als der Umzug bevorstand, offenbar auch in Planungen einbezogen, die über den häuslichen Bereich hinaus das Templiner Alumnat betrafen – bis dahin, dass sie für den Alumnatsbetrieb auch Anschaffungen tätigte, zum Beispiel Geschirr und Tischdecken orderte. Und wer eine Situation mit vorbereitet, fühlt sich eben nicht nur unversehens in sie hineinversetzt.

August Nebe hatte – gerade erst noch in Lüneburg – immer in die Geschichte seiner jeweiligen Wirkungsstätten zurückgefragt. Das diente nicht zuletzt dem Verstehen seiner aktuellen Aufgaben und der Pflege und Weiterentwicklung von Traditionen, soweit sie von ihm als wichtig erkannt wurden. Auch in Berlin galt sein Interesse zunächst der großen Tradition seiner neuen Schule. Wie konnte er denn auch „Rector Joachimicus" sein, ohne sich die Geschichte des Joachimsthalschen Gymnasiums näher angehen zu lassen! Und auch dies gilt: Wie könnte denn wohl August Nebe verstanden werden, wenn nicht im Zusammenhang der Geschichte des Joachimsthalschen Gymnasiums, deren begeisterter Repräsentant und überzeugender Interpret er werden sollte.

So spricht alles dafür, dass an dieser Stelle zunächst einiges zur Geschichte des Joachimsthalschen Gymnasiums ausgeführt wird.

Und wer sich auf die Geschichte der Schule einlässt, ist eben immer zugleich bei einer Tradition, durch die August Nebe in seinem Leben und Dienst besonders geprägt wurde.

ZUR GESCHICHTE DES JOACHIMSTHALSCHEN GYMNASIUMS (I)[6]

Das Joachimsthalsche Gymnasium erinnert mit seinem Namen an das Städtchen Joachimsthal in der Uckermark, und beide Namen – der Stadt- und der Schulname – halten die Erinnerung an den brandenburgischen Kurfürsten Joachim Friedrich wach, der in der Zeit von 1598 bis 1608 regierte. Er war es, der Joachimsthal im Jahre 1604 zur Stadt erhob und dort im Jahre 1607 eine Fürstenschule gründete: das „Gymnasium Electorale Brandenburgicum in valle Joachimica" – ein protestantisches Alumnatsgymnasium mit 120 Plätzen für kostenlos unterzubringende und schulgeldfrei zu unterrichtende Alumnatsschüler und mit 50 Plätzen für Schüler, die gegen Bezahlung als sogenannte „Pensionäre" aufgenommen werden konnten.

Schüler, die zur Aufnahme anstanden, mussten zu erkennen geben, dass sie schon vorher mit gutem Erfolg zur Schule gegangen waren. Schließlich ging es im Joachimsthalschen Gymnasium sogleich um eine Aufnahme in die Tertia.

Der Unterricht folgte einem Lehrplan, der deutlich erkennen ließ, dass er den alten Sprachen besonders verpflichtet war: dem Lateinischen vor allem, aber auch dem Griechischen und dem Hebräischen. Eine besondere Berücksichtigung im Lehrplan erfuhren auch die Fächer Theologie und Philosophie, während Fächer wie Mathematik, Physik und Musik nur am Rande eine Rolle spielten. Alles in allem eine anforderungsreiche und strenge Schule.

Eine solche Schule, so die Erwartung des Landesherrn, werde den Schülern die für den späteren Besuch der Landesuniversität Frankfurt/Oder nötige Vorbildung vermitteln, wodurch die Universität wiederum besser in der Lage wäre, für den Nachwuchs an geeigneten Kirchen- und Staatsdienern zu sorgen.

War die Schule in Abgrenzung gegen den „Irrthum der Papistischen und Calvinischen Religion" zunächst lutherisch ausgerichtet, wurde sie bereits im Jahre 1613, als Kurfürst Johann Sigismund (1608–1619) das Bekenntnis wechselte, zu einer reformiert geprägten Schule – und dabei sollte es eine lange Schulgeschichte hindurch bleiben.

Für eine solide wirtschaftliche Grundlage der Schule hatte Kurfürst Joachim Friedrich durch erhebliche Zuwendungen von ländlichem Besitz und großzügige Abgaberegelungen gesorgt. In friedlichen Zeiten wäre die Schule auf viele Jahre hin gut abgesichert gewesen. Durch den 30jährigen Krieg aber wurde sie schwer in Mitleidenschaft gezogen und im Jahre 1636 gar zerstört.

QUICUNQUE HOMO NATUS EST, HOMINEM AGERE DISCAT.
Wer als Mensch geboren ist, soll wie ein Mensch zu leben lernen.
JOHANN (JAN) AMOS COMENIUS,
der „in nämlichen Zeiten" lehrte, „da unser Joachimsthal entstand."
(A. Nebe).

*Gedenkstätte für Jan Amos Comenius (1592–1670) in Herborn.
Er studierte 1611–1613 an der dortigen Hohen Schule.*

Friedrich Wilhelm, dem Großen Kurfürsten (1640–1688), war es zu verdanken, dass die Arbeit des Joachimsthalschen Gymnasiums einen Neuanfang erlebte: nicht in Joachimsthal, sondern in Berlin, wo es im Jahre 1647 zur Zusammenlegung des Joachimsthalschen Gymnasium mit der reformierten Schule in Cölln kam, aber das war alles andere als eine Schule in Großformat. Im Gegenteil: Die äußeren Verhältnisse waren kümmerlich, die Schülerschaft passte in einen einzigen Raum, und für den Unterricht stand nur ein einziger Lehrer zur Verfügung. Als die Schülerzahl wuchs, stellte der Kurfürst für den Unterricht und die Beköstigung der Schüler einige Räume in seinem Schloss zur Verfügung. Weitere Hilfsangebote folgten, aber die Situation entspannte sich erst, als im Jahre 1685 die in Schlossnähe gelegenen Gebäude der Postverwaltung für das Joachimsthalsche Gymnasium verfügbar wurden. Am 6.2.1688 war dort alles so weit hergerichtet, dass das neue Schulgebäude feierlich eingeweiht werden konnte.

Als Mangel allerdings musste empfunden werden, dass die äußeren Bedingungen es nicht gestatteten, den seit alters mit dem Joachimsthalschen Gymnasium verbundenen Alumnatsgedanken, das Zusammenleben von Lehrern und Schülern, zu verwirklichen. So mussten denn die Alumnen und Pensionäre in verschiedenen Privathäusern untergebracht und verpflegt werden. Neu war, dass nun auch sogenannte „Hospiten" aufgenommen wurden – Schüler, die von ihrem Elternhaus aus die Schule besuchten.

Der Lehrplan der nun von Quarta bis Prima führenden Schule blieb der Tradition verpflichtet, wobei das Lateinische (das Unterrichtssprache war) einen noch höheren Stellenwert eingeräumt bekam, als es ihn ohnehin schon hatte. Nach wie vor als besonders wichtig eingestuft wurde der reformierte Religionsunterricht, der nun von einem Hofprediger erteilt wurde.

Wie sehr sich das Joachimsthalsche Gymnasium in positiver Weise entwickelt hatte, war an der *Feier zum 100-jährigen Bestehen der Schule* ablesbar. Der Nachfolger des Großen Kurfürsten, dessen Sohn Friedrich (als Friedrich I. seit 1701 „König in Preußen"), war selber bei den Feierlichkeiten zugegen und bekräftigte aus gegebenem Anlass durch die Ausstellung einer entsprechenden Urkunde seine besondere Verbundenheit mit der Schule, die er fortan als ein

„Königliches Gymnasium" betrachtet wissen wollte. Das „Gymnasium Electorale Brandenburgicum in valle Joachimica" war zum „Gymnasium Regium Joachimicum Berolinense" geworden.

Der Gebäudekomplex des Gymnasiums wurde nun beträchtlich erweitert, so dass ab 1718 auch der Alumnatsgedanke wieder realisiert werden konnte. Neue Bestimmungen sahen vor, dass Neuaufzunehmende eine Aufnahmeprüfung abzulegen hatten, dass der Prima eine weitere Klasse (die Suprema) angegliedert wurde und dass Lehrveranstaltungen des Gymnasiums – es gab ja noch keine Universität in Berlin – auch von einschlägig interessierten Bürgern besucht werden konnten.

Immer wieder haben die jeweiligen Landesherren bewiesen, wie sehr sie „ihrem" Gymnasium verbunden waren. Von Friedrich dem Großen (1740–1780) ist bekannt, dass er die für das Joachimsthalsche Gymnasium erarbeiteten Reformvorschläge, die den Geist der Aufklärung erkennen ließen, nachdrücklich unterstützte.

Durch eine Kabinettsorder von 1779 wurde das alte Schulklassensystem durch die Einführung von Fachklassen abgelöst – was bedeutete, dass es künftig für das Durchqueren eines jeden Fachgebietes einen eigens ausgewiesenen Weg gab, auf dem die Lern- und Erkenntnisfortschritte der Schüler in regelmäßigen Abständen kontrolliert wurden. Am Ende der Schulzeit hatte sich jeder Schüler einer Prüfung zu unterziehen, die erkennen lassen sollte, ob er die für ein Studium notwendigen Kenntnisse erworben hatte.

Nach wie vor wurde der Philologie gegenüber den anderen Fächern die größte Bedeutung beigemessen. Jeweils fünf Fachklassen waren für Latein und Griechisch vorgesehen, daneben gab es aber auch Fachklassen für Französisch und Polnisch, Geschichte und Geographie, Mathematik und Physik. Außerdem gab es Schreib- und Zeichenunterricht, nicht zuletzt natürlich die Unterrichtskontingente für Theologie (mit dem Unterricht in Hebräisch) und Philosophie (mit dem Unterricht in Logik, empirischer Psychologie und Ethik). Ein anspruchsvolles Lernprogramm, das nicht lediglich der Wissensvermittlung, sondern einer umfassenden Bildung dienen sollte.

In Würdigung der Verdienste des Rektors Johann Heinrich Ludwig Meierotto, der von 1775 bis 1800 „Rector Joachimicus" war, hieß es im Schulprogramm des Gymnasiums für das Jahr 1802: „Die Anstalt erreichte unter seinem Rektorate einen solchen Flor, dass sie mit jedem Gymnasium wetteifern konnte, von keinem in der Schülerzahl übertroffen wurde, stets Söhne aus den angesehensten Familien unter ihren Schülern zählte, Professoren auf Universitäten, Lehrer auf vielen Schulen, Räte fast in allen Landeskollegien, gebildete Männer in fast jeder bedeutenden Stadt der älteren Provinzen als ehemalige Schüler mit Stolz nennen konnte, bei mehreren Gelegenheiten von den Landesherren die ausgezeichnetsten Beweise der Gnade erhielt und sich das Zutrauen des Publikums in hohem Grade erwarb."[7] Ein selbstbewusstes und stolzes Gymnasium! Und wie sehr die Schule auch an höchster Stelle geschätzt wurde, zeigte beispielsweise das großzügige Geschenk einer umfangreichen Bücher- und Notensammlung – ein Vermächtnis von Prinzessin Anna Amalia (1723–1787), einer Schwester Friedrichs des Großen.

Verständlicherweise verzichteten die Joachimsthaler im Jahre 1807, dem *Jahr des 200-jährigen Bestehens* ihrer Schule, auf eine größere Feier, zu tief saß der Stachel der Niederlage, die Preußen im Jahr zuvor bei Jena und Auerstedt im Kampf gegen Napoleon erlitten hatte. Schon bald aber verstand sich der preußische Staat zu Reformen, die nicht zuletzt das Bildungswesen betrafen – entsprechend der Überzeugung, der Staat müsse durch geistige Kräfte ersetzen, was er an physischen verloren habe.[8] So hielt auch im Joachimsthalschen Gymnasium der Geist des Neuhumanismus Einzug, der in Wilhelm von Humboldt seinen hervorragenden Repräsentanten hatte. Humboldt lag an einem Bildungsprozess, der der größtmöglichen Entfaltung der inneren (geistig-seelischen) Kräfte des Einzelnen dient und damit an der Herausbildung einer eigenständigen und eigenverantwortlichen Persönlichkeit.[9] Jeder war – bevor er den Staat in Anspruch nahm – dazu aufgefordert, sich zunächst einmal auf sich selber zu besinnen und aus sich selber zu bestimmen – ein der Ethik Immanuel Kants und ihrem kategorischen Imperativ entsprechendes Verantwortungs- und Pflichtbewusstsein, das an die alte (schon in der ersten Schulordnung des Joachimsthalschen Gymnasium verankerte) Mahnung DIC CUR HIC erinnerte, die nun aufs Neue an

Aktualität gewann. „Sag, warum bist du eigentlich hier?" sollten sich die Schüler täglich fragen, um sich dann selber die Antwort zu geben: der humanistischen Bildung wegen und der damit verbundenen Einsicht, dass die Kräfte des Geistes der rohen Körperkraft überlegen sind; einer gymnasialen Bildung wegen, die einem über das Studium der alten Sprachen das persönlichkeitsprägende griechisch-römische Gedankengut nahebringt – den flachen Utilitarismus der Aufklärung weit hinter sich lassend.[10]

Dass das Joachimsthalsche Gymnasium Mitte des 19. Jahrhunderts zu besonders hohem Ansehen gelangte und gar „etwas von der Exklusivität von Schulpforta angenommen hatte"[11], war das Verdienst des von 1826 bis 1857 im Sinne Humboldts wirkenden Rektors August Meineke, auf den viele Neuerungen zurückgingen. Die Schülerzahl wurde – einer besseren Unterrichtsqualität wegen – auf etwa 300 gesenkt (noch im Jahre 1821 gab es etwa 600 Schüler). Das Alumnat erlebte eine Aufwertung durch die Einbeziehung der Alumnatsinspektoren in den Unterricht, das unübersichtliche Fachklassensystem wurde zugunsten der nun von Sexta bis Oberprima aufeinander aufbauenden Schulklassen wieder abgeschafft, und der zu großen Vielfalt der Unterrichtsgegenstände wurde Einhalt geboten.

Da ab Mitte des 19. Jahrhunderts zunehmend empfunden wurde, dass die äußeren Bedingungen für Schule und Internat unzureichend waren, wurde über die Verlegung der Schule in einen anderen Berliner Stadtteil nachgedacht. In *Wilmersdorf* wurde schließlich ein geeignetes Gelände für einen Neubau gefunden, und der wurde nach fünfjähriger Bauzeit fertiggestellt und im Jahre 1880 in Anwesenheit von Kaiser Wilhelm I. feierlich eingeweiht. Im Festsaal der monumental gestalteten Schule war jenes Wort aus Platons Menexenos zu lesen, auf das schon Kurfürst Joachim Friedrich seine Schule verpflichtet hatte: „Jede Erkenntnis, wenn sie von Gerechtigkeit und den übrigen Tugenden getrennt ist, zeigt sich nur als Verschlagenheit, nicht als Weisheit", so Schleiermachers Übersetzung.[12]

Ihres guten Rufs wegen hatte die Schule großen Zulauf. Nach einer Statistik aus dem Jahre 1905 verteilten sich die insgesamt 449 Schüler auf die einzügigen Unterklassen Sexta, Quinta und Quarta sowie auf die zwölf Parallelklassen von Untertertia bis Oberprima. Übrigens waren 376 Schüler evangelisch, 17 katholisch und

56 jüdisch. Als problematisch sollte sich bald erweisen, dass sich die Schule – von Haus aus ein Alumnat mit einem Gymnasium – zunehmend zu einem Gymnasium mit Alumnat entwickelt hatte, so groß war die Zahl der Hospiten geworden. Das nun warf insofern Probleme auf, als der preußische Staat und auch die Stadt Berlin nicht bereit waren, ihren jährlichen Zuschuss der (vor allem ja durch Hospiten) gewachsenen Schülerzahl und dem damit einhergehenden Bedarf an Lehrern anzupassen. Dadurch wurden die finanziellen Probleme, die das Joachimsthalsche Gymnasium ohnehin schon hatte, noch größer. Der Verkauf der alten Schulgebäude hatte die Ausgaben für den Neubau der Schule in Wilmersdorf nicht gedeckt, für die notwendige Kreditaufnahme waren jährlich stattliche Zinszahlungen fällig, die Kosten für Besoldungen und Pensionen stiegen unverhältnismäßig an, und die Pachtgelder schuleigener Ländereien gingen zurück. Damit einhergehende Sorgen bestanden schon bei der *300-Jahr-Feier der Schule* am 24. August 1907. Schließlich wurde entschieden, die Schule auf ihren eigentlichen Stiftungszweck, das Alumnat, zurückzuführen – bei gleichzeitiger Verlagerung der Schule zurück aufs Land. Die Schulgebäude in Wilmersdorf wurden verkauft, und ein entsprechender Vertrag trat am 1.4.1909 in Kraft – drei Monate vor dem Amtsantritt des neuen Rektors August Nebe, der dann die Schule in ihre uckermärkische Heimat zurückführte – nicht (wie zeitweise erwogen wurde) nach Joachimsthal, sondern nach Templin.[13]

DAS JOACHIMSTHALSCHE GYMNASIUM ZU TEMPLIN ALS BEISPIELHAFTES WERK AUGUST NEBES

In seinem neuen Kollegium traf August Nebe auf nicht wenige Kollegen, denen daran lag, dass bis zur Errichtung eines Alumnatsgymnasiums in Templin noch möglichst viel Zeit verging. Zu schmerzlich war ihnen der Gedanke, dass aus dem Wilmersdorfer „Joachimsthal" (wie die Schule auch kurz genannt wurde) nun zwei Schulen (mit eben auch zwei Kollegien) werden sollten: das „halbhumanistische" Wilmersdorfer Stadtgymnasium und das (der „eigentlichen" Joachimsthalschen Tradition verpflichtete) humanistische Templiner Alumnatsgymnasium.[14] Der neue Rektor allerdings war auf eine baldige Realisierung der Templin-Pläne bedacht. „Wie kein anderer", so wird ihm später bescheinigt, nahm er sich des Neubauvorhabens persönlich an: mit großer Beharrlichkeit und mit vielen bis in Details gehenden ideenreichen Gestaltungsvorschlägen, die – weil offenbar „kongenial" – auf die Gegenliebe des fähigen Baumeisters Bräuning stießen.[15] Und der schließlich konnte bald für das ganze Bauprojekt einen „wohlüberlegten Plan" vorlegen. Dann ging es in Templin zügig voran. An der Prenzlauer Allee – unweit des Templiner Sees – wurde ein großes Waldgrundstück erworben. 1910 begann man dort mit den Erdarbeiten, 1911 mit dem Bau der im neoklassizistischen Stil ausgeführten Häuser, und rechtzeitig zum Schuljahresbeginn im Herbst 1912 war alles fertiggestellt.[16]

Nach der von Wehmut durchzogenen Verabschiedung des „Joachimsthal" aus Berlin-Wilmersdorf am 18.9.1912 – mit einem Rückblick auf die große Geschichte der Schule, vor allem auch auf die zweieinhalb Jahrhunderte währende Verbundenheit des „Joachimsthal" mit Berlin – kam es am 12.10.1912 in der (noch näher zu beschreibenden) Aula der neuen Templiner Schule zur feierlichen Schlüsselübergabe. Am 15.10.1912 begann dann für die schon in Wilmersdorf getrennt von den dortigen Hospiten unterrichteten Alumnen der Unterricht, und am 7.11.1912 fand im Beisein von Prinz August Wilhelm, der Kaiser Wilhelm II. vertrat, die festliche Einweihungsfeier statt.[17]

*Einweihung des Königlichen Joachimsthalschen
Gymnasiums in Templin am 7.11.1912.
Rechts: Prinz August Wilhelm von Preußen / Links: August Nebe*

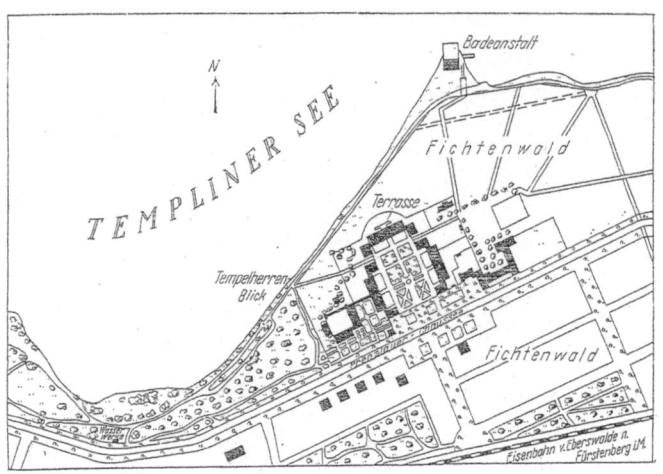

*Lageplan des Königlichen
Joachimsthalschen Gymnasiums in Templin*

Entstanden war ein Gebäudekomplex, dessen Gliederung zu erkennen gab, dass er drei verschiedenen, aufeinander abgestimmten Zwecken dienen sollte: dem Wohnen, dem Lehren und Lernen sowie der Versorgung und Beköstigung. Den Mittelteil des Gebäudekomplexes bildete das Alumnatsgebäude, ein bauliches Ensemble von drei hufeisenförmig angeordneten Doppelhäusern für die Unterbringung der insgesamt sechs Alumnatsgruppen, wobei jedes der Häuser 25 Alumnen Platz bot. Das mittlere Haus war mit einem Torbogen versehen, durch den hindurch ein Weg ins Freie führte und einen Ausblick in die märkische Landschaft ermöglichte, und genau über dem Torbogen war ein Uhren- und Glockenturm hochgezogen worden. Die von den drei Alumnatsgebäuden umschlossene Fläche war als Gartenanlage gestaltet worden, in deren Mitte ein Denkmal von Kurfürst Joachim Friedrich an den Gründer des Joachimsthalschen Gymnasiums erinnerte.

Das westliche der drei Doppelhäuser war durch einen Verbindungsgang mit dem stadteinwärts gelegenen Wirtschaftsgebäude verbunden, und nach Osten hin schloss sich an das Alumnat das (nicht zuletzt durch seinen 40 m hohen Turm) baulich besonders

*Das Denkmal auf dem weitläufigen Alumnatsgelände
erinnert an Kurfürst Joachim Friedrich,
den Gründer des Joachimsthalschen Gymnasiums*

hervorgehobene Schulgebäude an – mit drei Klassen für je 40 Schüler und drei Klassen für je 30 Schüler, entsprechend der von Untertertia bis Oberprima vorgesehenen sechsjährigen Schullaufbahn. Hinzu kamen die verschiedenen Funktionsräume, die Bibliothek und die mit 300 Plätzen ausgestattete Aula.[18] Nimmt man noch die Lehrerwohnungen, die Turnhalle, das Boots- und Badehaus, die Werkräume, die Ballspielplätze, die verschiedenen Hausgärten, vor allem den Botanischen Garten hinzu, dann versteht man, dass es in einer Fachzeitschrift im Blick auf die äußere Gestalt des Joachimsthalschen Gymnasium heißen konnte: „Es wird schwer sein, diese Musteranlage zu erreichen, kaum denkbar, sie in den Schatten zu stellen."[19] Ein Urteil, das getrost auch auf das ganze Joachimsthalsche Schulwesen bezogen werden durfte.

Was *die innere Ausgestaltung* des Schulgebäudes betrifft, so ist zunächst die nach neuesten damaligen Erkenntnissen aufgebaute Bibliothek zu erwähnen, die Stellplätze für etwa 80.000 Bücher bot. Bedeutendster Bibliotheksbestandteil war die (bereits erwähnte) Amalienbibliothek, die zwar dem Joachimsthalschen Gymnasium vermacht worden war, die aber um Haaresbreite nicht von Berlin nach Templin überführt worden wäre.

Die Berliner Königliche Bibliothek (ihr Generaldirektor war seinerzeit der einflussreiche Theologe Adolf von Harnack)[20] plädierte für einen Verbleib der Amalienbibliothek in Berlin und begründete dieses Begehren mit dem Hinweis, die Amalienbibliothek werde durch ihre Verlagerung in die Provinz der allgemeinen Nutzung entzogen, und das widerspräche der testamentarischen Verfügung der Prinzessin. August Nebe setzte sich schließlich durch – allerdings auf eine Weise, die man dem besonnenen, auf Ausgleich bedachten Schulmann nicht ohne weiteres zugetraut hätte. In einer Art Nacht- und Nebelaktion ließ er zu Pfingsten 1912 das kostbare Mobiliar der Bibliothek – unter dem Vorwand, es bedürfe dringend der Restaurierung – von Berlin nach Templin schaffen, und als gelegentlich seitens des Kultusministeriums wieder einmal nach der Amalienbibliothek gefragt wurde, teilte er lapidar mit, die sei doch längst nicht mehr in Berlin. Zuletzt wurde seitens des Kultusministeriums der von August Nebe hartnäckig betriebenen Verteidigung der Amalienbibliothek Rechnung getragen – allerdings mit der Auflage, die zur Bibliothek gehörende kostbare Notensammlung habe in Berlin zu bleiben. Aber auch ohne die Notensammlung war die Bibliothek des Joachimsthalschen Gymnasiums die bedeutendste Schulbibliothek ihrer Zeit.

Wenn August Nebe den Neubau der Schule so intensiv begleitete, so geschah das gewiss aus praktischen und auch aus ästhetischen Gründen – alles sollte ja funktionsgerecht und zugleich architektonisch stimmig sein. Aber ihm lag auch daran, dass von der äußeren Gestalt der Schule auf ihr Selbstverständnis geschlossen werden konnte. Daran ist zu denken, wenn im Folgenden der wohl schönste Bau auf dem Gelände vorgestellt wird: der den Schulklassen vorgelagerte Aulaflügel. Hier ist besonders gut nachzuvollziehen, wie sehr August Nebe um eine architektonische Interpretation der Besonderheit seiner Schule bemüht war.

Im Eingangsbereich wurde man sogleich aufmerksam auf das Standbild der Pallas Athene, der Göttin der Weisheit, und auch auf die dem Standbild zugeordneten Lettern DIC CUR HIC. „Esto memor patriis cur huc sis missus ab oris", stand in der ältesten Schulordnung des Gymnasiums (jeder sollte also nicht vergessen, mit welchem Ziel er hierher in diese Schule geschickt worden war), und seitdem war das DIC CUR HIC, das sich von diesem Satz herleitete, die Maxime des „Joachimsthal". Athene, die Göttin der Weisheit, hatte bewiesen, dass sie in der Lage war, selbst einen gewaltigen Kentauren zu bändigen, und dessen eingedenk sollten sich die Joachimsthaler täglich auf die der rohen Kraft überlegenen geistigen Kräfte besinnen.

Vom Eingangsbereich ging es hinauf in die Voraula, von der aus drei Türen in die Aula führten, über denen in goldenen Lettern zu lesen stand: „IN NECESSARIIS UNITAS, IN DUBIIS LIBERTAS, IN OMNIBUS CARITAS." („Im Notwendigen Einheit, im Nichtnotwendigen Freiheit, in allem Liebe", wie August Nebe diesen „weitherzigen Grundsatz" übersetzte.)[21]

Welcher Art das Erbe war, dem sich das Joachimsthalsche Gymnasium verpflichtet fühlte, fand in der großen Aula einen ganz besonders sinnfälligen Ausdruck. An der Stirnwand der Aula war auf einem Gemälde der Apostel Paulus bei seiner Predigt auf dem Areopag in Athen zu sehen, und darunter stand in griechischer Schrift der

Satz aus Platons Menexenes, der bereits in der Wilmersdorfer Aula zu lesen war – jener Satz, nach dem die Erkenntnis, wenn sie sich von der Gerechtigkeit und den anderen Tugenden emanzipiert, die Qualität der Weisheit einbüßt. Die Paulusdarstellung und das mit ihr in Verbindung gebrachte Platonzitat wiesen wiederum (wie ja schon das DIC CUR HIC) auf die erste Schulordnung des Joachimsthalschen Gymnasiums hin, in deren erstem Satz es heißt: „Pietatem ante omnia, qua sine omnis sophia est panorgia, studiose colent et perpetua cogitant, sapientiam initium est Timorem Dei."[22] Ja, die Furcht Gottes ist der Weisheit Anfang – ein Bibelwort, das das Platonzitat in sich aufnimmt und so – ganz entsprechend dem, was in der Aula vor Augen geführt wurde – zum Ausdruck bringt, dass sich das Joachimsthalsche Gymnasium von Anfang an sowohl dem christlichen als auch dem antiken Erbe verpflichtet wusste – aber eben in einer Weise, die Paulus über Platon erhob und die alle Weisheit der Gottesfurcht unterstellte. In diesem Sinne wollte das Joachimsthalsche Gymnasium ein humanistisches Gymnasium bleiben – und auch eines in preußischer Tradition, daran erinnerte das Denkmal von Kurfürst Joachim Friedrich, und August Nebe wies in seiner Festrede zur Einweihung der neuen Schule denn auch ausdrücklich darauf hin.[23]

Ein besonderes Verdienst August Nebes war *die Weiterentwicklung des Joachimsthalschen Alumnats*. Entsprechend seiner Sicht der Familie als „natürlichster Erziehungsgemeinschaft" und angeregt durch die mit dem Namen Hermann Lietz verbundene Arbeit der Landerziehungsheime[24], schuf er einen speziell für die Zwecke seines Templiner Alumnatsgymnasiums geeigneten Alumnatstypus: das Familienalumnat. Dieser Typus stellte eine Alumnatsform dar, die sich einerseits von dem (als „Massenalumnat" in die Kritik geratenen) Großalumnat unterschied, andererseits aber auch von dessen verschiedentlich anzutreffendem Gegenstück, dem lockeren Verbund selbständiger Familienalumnate. „Keiner der vorhandenen (Alumnats-)Typen", so meinte August Nebe, sei „ohne weiteres für die größeren Formen einer stiftischen, unter staatlicher Verwaltung stehenden Anstalt alter Tradition brauchbar."[25] Eine „Auflösung in einzelne selbständige Familienalumnate", in denen ja der jeweils verantwortlichen Oberlehrerfamilie nicht nur die Erziehung der

Schüler, sondern auch deren Verpflegung zur Last fiele, „erschien ... als untunlich", weil ja doch die „in den einzelnen Häusern recht verschiedenartige Beköstigung zu allerlei Unzuträglichkeiten führen" könne. Auch eine „Zentralküche für alle oder mehrere Einzelalumnate, aber im übrigen mit völligem Aufgehen der Oberlehrerfamilie in der großen Alumnatsfamilie", war für August Nebe nicht vorstellbar.[26]

Er favorisierte dagegen einen Alumnatstypus, der die Anstellung von Hausdamen vorsah, also einen Typus, „der ohne beunruhigende Eingriffe in das Familienleben der Oberlehrer–Erzieher doch den wohltätigen, sänftigenden und sittigenden Einfluss der Frau für den Männerstaat des Alumnats" nutzen sollte. So entstand in Templin ein Alumnat, deren sechs Einzelalumnate je einen Oberlehrer als Alumnatsinspektor hatten, der mit seiner Familie in einer dem Alumnat angegliederten Wohnung lebte. Zur Entlastung der Alumnatsinspektoren und der ihrer Familien aber waren jedem Einzelalumnat eine Hausdame und ein „Adjunkt" als Hilfskräfte zugeordnet, die jeweils „vor Ort" auch wohnten.[27]

„Einen der besten und erfreulichsten Vorläufer" seines Templiner Familienalumnats erkannte August Nebe in Philipp Melanchthons „schola domestica", einer Schule im Hause Melanchthons, in der Schüler in Kost und Unterricht genommen wurden, denen eine solide Vorbereitung auf ihr späteres Hochschulstudium zuteilwerden sollte.[28] Melanchthons Hausschule verstand sich in erster Linie als eine Lateinschule, in der auch das Griechische nicht zu kurz kam, und – was bei einem der humanistischen Tradition wie der Theologie gleichermaßen verpflichteten Gelehrten wie Melanchthon nicht anders zu erwarten ist – stellte der hausinterne Lehrplan mit den beiden alten Sprachen eine reichhaltige „Mischung biblischer und klassischer Bestandteile"[29] dar. Auch die „Pflege selbständiger poetischer Produktion", also das Verseschmieden, gehörte zum Lernprogramm, und immer wieder fanden auch dramatische Aufführungen und Feste der verschiedensten Art statt. Wenn Melanchthon gelegentlich davon gesprochen habe, es verbinde ihn mit denen, die einmal in seinem Hause unterrichtet worden seien und mit denen er einmal zusammen an einem Tisch gesessen habe, eine dauernde Freundschaft, so sei das, meint August Nebe, „keine leere Phrase"[30] gewesen. Und indem er das besonders unterstreicht, lässt August Nebe erkennen, wie sehr ihm selber an einem von gegenseitigem Respekt und Vertrauen getragenen Lehrer-Schüler-Verhältnis lag. Melanchthons Hausschule wollte zugleich Hausgemeinde sein, und die Templiner Alumnatsschule verstand sich als Schulgemeinde. „Gewissermaßen das Motto für Melanchthons Familienalumnat", schreibt August Nebe, sei das Psalmwort: „Wo der Herr nicht das Haus baut, so arbeiten umsonst, die daran bauen (Psalm 127,1)[31] – ein Motto gewissermaßen auch für Templin.

Um in Schule und Alumnat *geordnete Abläufe* zu gewährleisten, verfasste August Nebe die Schulordnung mit näheren Ausführungen zu Aufnahmebedingungen und Prüfungsabläufen, die Alumnatsordnung mit Regeln für das „Verhalten der Alumnen zueinander" und „das Betragen im Allgemeinen", die Tagesordnung für die Alumnen vom Aufstehen um 6 Uhr bis zum Zubettgehen um 22 Uhr, die Dienstordnung für Hausdamen und manche anderen Ordnungen und Anweisungen, die allesamt nicht einengen, sondern „ein verträgliches und freundliches Zusammenleben" ermöglichen sollten. Das gelang offenbar; denn das *Templiner Gemeinwesen* erwies sich auf vielfältige Weise als lebendig. Auf sportlichem Gebiet gab es (auch außerhalb des unterrichtlichen Rahmens) eine Angebotspalette, die vom Turnen, Schwimmen, Rudern und Schlittschuhlaufen bis zum Tennisspielen reichte, wobei jeweils besondere Einrichtungen und Ausstattungen vorhanden waren: neben der Turnhalle das Bootshaus (mit einer ausreichenden Zahl von Sport- und Ruderbooten) und der Tennisplatz samt Zubehör.

Auf musischem Gebiet bestand (wiederum über das unterrichtliche Angebot hinausreichend) die Möglichkeit, in Schulchören oder im Schulorchester mitzuwirken oder auch in der Theatergruppe, die weit über die Schulgrenzen hinaus beachtete Aufführungen auf die Templiner Aulabühne brachte.

Das Primanerkasino diente dem geselligen Aufenthalt, auch dem Billardspiel; die seit 1913 bestehende „Wandervogelgruppe", mit der die deutsche Jugendbewegung in Templin Einzug hielt, veranstaltete ihre Nestabende, und eine hervorragend sortierte und von Schülerhand verwaltete Schülerbibliothek, die neben der großen Schulbibliothek bestand, lud ein zur Benutzung und Mitarbeit.

Und dann gab es die großen Feste wie das Sommerfest und das im Herbst stattfindende Stiftungsfest, zu dem auch die ehemaligen Joachimsthaler eingeladen waren. Nicht zu vergessen die verschiedenen kirchlichen Veranstaltungen: die täglichen Andachten und sonntäglichen Gottesdienste, das Begehen der Feste des Kirchenjahres, und auch die Konfirmation wurde im „Joachimsthal" gefeiert; schließlich gab es ja eine eigene Kirchengemeinde mit einem eigens für die Schulgemeinde zuständigen Pastor.

Als es seinerzeit von Wilmersdorf nach Templin aufzubrechen galt, waren die Worte des Abschieds, die August Nebe sprach, von herbstlich-wehmütiger Stimmung durchzogen: „Kahle Felder, welkende Blumen, fallende Blätter und die dahinziehenden Scharen der Zugvögel, alles ernste Gedanken weckend, gemahnend an Unbeständigkeit und Vergänglichkeit und an Vergehen und Scheiden."[32] Aber wie schnell man offenbar in Templin heimisch werden konnte! Wenn August Nebe später an die ersten Jahre in Templin dachte, dann wählte er Worte, in denen gleichsam ständig die Sonne schien. Alles war „idealschön", schrieb er rückschauend, „jeder gab sein Bestes, von der Engigkeit einer Kleinstadt spürte man wenig, durch Vorträge einheimischer und bedeutender auswärtiger Redner wurde dem Kreis der Familie und der älteren Schüler schöne Anregungen geboten […]. [Es gab] regelmäßige Theaterfahrten nach Berlin, und auch die Pflege der alten Tradition, eigene Aufführungen zu veranstalten, lag in verständnisvollen Händen […]. Die Bootsfahrten auf den Seen – unser Boot hieß ′Bohm′, nach dem erblichen Spitznamen des Direktors – das Baden von dem schönen Badehaus aus und die Wanderungen in der reizvollen Umgebung trugen weiter dazu bei, die Schüler in der Uckermark rasch heimisch zu machen."[33]

Zum Heimischwerden der Familie trug es sicher bei, dass in Templin verwandtschaftliche Bande neu geknüpft und gepflegt werden konnten. Einer der Lehrer des „Joachimsthal" war Dr. Wilhelm Martens, in dessen Elberfelder Elternhaus August Nebe seine Frau kennen gelernt hatte, die nun in Templin ihrem Vetter wieder begegnete – und darüber hinaus auch noch ihrem Onkel Richard Kirstein, einem älteren Bruder ihrer Mutter, der in Templin Gemeindepfarrer war.[34] Und dann gab es auf dem Gelände des „Joachimsthal" ein (an die Schule angebautes) „schlicht-schönes geräumiges

Einfamilienhaus", in dem sich die Familie wohlfühlen konnte, und ein wunderschöner Garten gehörte auch dazu.[35] August Nebe konnte mit dem, was er in nur wenigen Jahren seines Direktoriats erreicht hatte, mehr als zufrieden sein. Das Joachimsthalsche Gymnasium in Templin stellte sich als eine Schule dar, die ihresgleichen suchte und für deren gute Weiterentwicklung eine solide Grundlage gelegt worden war.

Im Jahre 1914 – nur wenige Tage vor Ausbruch des Ersten Weltkrieges – gönnte sich August Nebe ein paar Urlaubstage in der Nähe von Oberhof im Thüringer Wald. Dabei handelte es sich allerdings nicht um reine Erholungstage, die ihm gewiss auch einmal hätten guttun können. Bei Antritt seiner Reise hatte August Nebe dafür gesorgt, dass es für ihn auch im Thüringer Wald einiges zu arbeiten gab. Seiner Frau schrieb er nach Templin: „Nachmittags habe ich die letzten Tage auf einer stillen Waldbank am Sextus Empiricus[36] gearbeitet, die Hälfte – 200 Seiten – ist erledigt und einige Conjekturen zugegeben."[37]

Seit August Nebe anlässlich seiner Studienreise durch Italien in Florenz auf Schriften des Philosophen Sextus Empiricus gestoßen war, die vor ihm noch niemand entdeckt hatte, war er darauf bedacht, seinen Fund auszuwerten. Doch dazu fehlte ihm immer die Zeit. Endlich aber wollte er nun dem kleineren Artikel über Sextus Empiricus, mit dem er im Jahre 1909 in der Berliner Philologischen Wochenschrift auf den Philosophen aufmerksam gemacht hatte, eine größere Arbeit folgen lassen. Das Manuskript war schon so weit gediehen, dass nur noch das Korrekturlesen zu besorgen war. Dazu lud in diesen Julitagen von 1914 die stille Waldbank ein – wenn sich nicht gerade, wie August Nebe nach Hause schrieb, ein „garstiges Gewitter" aufbaute.

Das Weltengewitter indessen, das sich schon bald entladen sollte, würde August Nebe seinen Sextus Empiricus für lange Zeit vergessen lassen. Sein ohnehin anstrengender Dienst würde ihm in Kriegszeiten noch mehr als bisher abverlangen und ihn schließlich – zweimal recht deutlich – an seine gesundheitlichen Grenzen führen.

Als der große Krieg dann ausbrach, begann auch für das „Joachimsthal" eine Zeit, in der bislang als verlässlich erlebte Ordnungen brüchig wurden und in der große Entbehrungen und schmerzliche

Verluste verkraftet werden mussten. Viele Lehrer meldeten sich als Kriegsfreiwillige, und die älteren Schüler (nachdem sie ein Notabitur abgelegt hatten) taten es ihnen gleich. Im Alumnat wurde ein Lazarett mit Plätzen für fünfzig Verwundete eingerichtet. Die Versorgungslage verschlechterte sich (die Schüler hatten sich mit kargen Mahlzeiten, schäbiger Kleidung und unzureichend beheizten Räumen abzufinden) und der „Geist frommer Begeisterung, der zu Anfang (des Krieges) ganz Deutschland erhebend und heiligend durchzogen hatte", wie Richard Kirstein schrieb, „wich bald der Trauer über die, die aus dem Krieg nicht zurückkamen."[38] Das „Joachimsthal" hatte den Verlust von nicht weniger als 227 Lehrern und Schülern zu beklagen, unter ihnen befanden sich auch die beiden ältesten Söhne der Familie Nebe. Der zweitälteste Sohn Johannes war schon am Tag vor der Mobilmachung nach Gera gereist und dort als Fahnenjunker angenommen worden (zu seinem Notabitur kam er noch einmal zurück), und August Ferdinand, der älteste Sohn, der in Berlin im dritten Semester Theologie studierte, war – bis er schließlich seine Anerkennung als Kriegsfreiwilliger erreichen konnte – zunächst als Krankenpfleger in verschiedenen Lazaretten in Belgien im Einsatz. Auch Ludwig Nebe, der dritte Sohn, war Kriegsfreiwilliger. Er allein kehrte, schwer verwundet, nach Hause zurück. Seine Brüder fielen an der Westfront.[39]

Eine seit ihrer Gründung dem preußischen Herscherhaus so eng verbundene Einrichtung wie das Joachimsthalsche Gymnasium musste durch den Zusammenbruch des Kaiserreiches und die am 9. November 1918 in Berlin ausbrechende Revolution in ihren Grundfesten erschüttert werden. Als August Nebe seinen Schülern „die furchtbare Kunde von der Abdankung des Kaisers" mitzuteilen hatte, knüpfte er daran „die ernste Mahnung, nun erst recht an sich zu arbeiten; denn ihre Pflicht sei es, dermaleinst zu dem Aufstieg des unglücklichen Vaterlandes in erster Linie mitzuhelfen."[40]

Es verwundert nicht, dass sich die Lehrer des Joachimsthalschen Gymnasiums – von Ausnahmen abgesehen – zur nun entstehenden Weimarer Republik distanziert verhielten und sich ein ungebrochenes Verhältnis zu einer Tradition bewahrten, die ihr bisheriges Leben und Denken geprägt hatte. Daran hatte auch der schreckliche Krieg nichts geändert. So konnte August Nebe noch in einer

Veröffentlichung von 1923 zu einer Einschätzung des Jahres 1914 kommen, die offenbar durch das ihm und seiner Familie widerfahrene Leid nicht erschüttert worden war. „Die Einberufung von Tausenden und Abertausenden aus der Lehrerschaft", schrieb er im Blick auf die durch den Krieg schwer in Mitleidenschaft gezogene Schulsituation in Deutschland, „schuf natürlich große Schwierigkeiten für eine regelmäßige Weiterführung der Schularbeit. Aber es zeigte sich zugleich die wunderbare Anpassungsfähigkeit unseres Volkes: wenn auch mit verminderter Stundenzahl oder in zusammengelegten Klassen oder mit Hilfe von Überstunden, wurde doch überall während der langen, immer schwerer werdenden Jahre der Betrieb weitergeführt, ja an vielen Orten gelehrt und gelernt und studiert wie im tiefsten Frieden. Freilich die Hörsäle der Universitäten und die oberen Klassen der höheren Schulen verödeten mehr und mehr; denn begeistert strömten immer wieder Jünglinge und Knaben als Kriegsfreiwillige zu den Fahnen. Und mochte man auch die zu weit gehenden Erleichterungen der Notreifeprüfung gelegentlich beanstanden, so war es doch ein erfreuliches Zeichen für den Geist der Schüler, dass die jungen Regimenter unter Absingung des Liedes ‚Deutschland, Deutschland über alles' todesverachtend gegen den Feind anstürmten."[41]

Die *Nachkriegszeit* mit ihrer zunehmend inflationären Entwicklung bedrohte das Joachimsthalsche Gymnasium in seiner Existenz. Das durch den Verkauf der Wilmersdorfer Liegenschaften angesammelte Barvermögen war in Kriegsanleihen angelegt worden, für die seitens des Provinzialschulkollegiums gegen Kriegsende Aktien erworben wurden, und die waren nach Kriegsende schnell nichts mehr wert. Die Erträge der Schulgüter gingen zurück, der neue Staat scherte sich wenig um den besonderen Charakter der Schule und ließ Verstaatlichungsabsichten erkennen, und die allenthalben gebotenen extremen Sparmaßnahmen blieben nicht ohne negative Auswirkungen auf die Leistungsfähigkeit der Schule.[42]

Erst allmählich nahm die Arbeit in Schule und Internat wieder einen ruhigeren Fortgang. Auch im Direktorenhaus wurde es ruhiger. Die älteste Tochter Maria war auswärts tätig, Sohn Ludwig begann ein Studium, und Sohn Gustav arbeitete in der Landwirtschaft mit: zunächst auf einem uckermärkischen, dann auf einem schlesischen

Gut. Von den Kindern waren also nur noch Sohn Martin, der im „Joachimsthal" zur Schule ging, und Tochter Elisabeth im Hause, und Großmutter Martens bekam – die neue Geräumigkeit des Hauses machte es möglich – eine schöne „Großmutterstube" mit großem Balkon hergerichtet.[43]

August Nebe hatte eigentlich vor, in Templin zu bleiben. Doch dann erreichte ihn – wieder einmal „ungesucht" – ein Ruf nach Halle, wo er Direktor der dortigen Franckeschen Stiftungen werden sollte. Für seinen Entschluss, den Ruf anzunehmen, sprachen, wie er später schrieb, gute Gründe: „Die alten Familienbeziehungen zu den Stiftungen und zu Halle, die Aussicht, die drei Söhne während ihrer Studienzeit zu Hause zu haben und selbst als Vorsitzender des Prüfungsamtes zu der Universität Fühlung zu gewinnen, sprachen dabei mit; aber am meisten lockte doch die Hoffnung, etwas dazu beitragen zu können, das große Glaubens- und Liebeswerk A. H. Franckes durch die Stürme der Zeit hindurchzuführen."[44]

August Nebe blieb noch bis Ostern 1921 Direktor des „Joachimsthal". Dann „legte er die Templiner Last ab und nahm die nicht weniger drückende in Halle auf seine Schultern".[45]

ZUR GESCHICHTE DES JOACHIMSTHALSCHEN GYMNASIUMS (II)

Der weitere Verlauf der Geschichte des „Joachimsthal" wurde durch Entwicklungen bestimmt, denen sich die Schule als „Stiftisches Gymnasium unter staatlicher Verwaltung" nicht entziehen konnte. Immer knapper werdende Mittel erzwangen immer größere Sparmaßnahmen, die zur Reduzierung der Lehrerstellen, zur Einschränkung der Zahl der (Schüler-)Freistellen und zeitweise sogar zur Schließung des Alumnats führten. Das Lehrerkollegium, größtenteils deutschnational geprägt, wurde durch jüngere Lehrer aufgemischt, die andere politische Überzeugungen vertraten, einige hielten es auch mit der Hitler-Partei. Im Frühjahr 1931 trat eine Gruppe des Nationalsozialistischen Schülerbundes in Erscheinung, im März 1933 (so ist auf einem Foto zu erkennen) wehte vom Schulturm die Hakenkreuzfahne, und 1935 bekam das „Joachimsthal" einen Direktor, der der NSDAP angehörte.⁴⁶ Der nun versuchte, die christlich-humanistische Tradition des „Joachimsthal" dadurch zu erhalten, dass er sich den neuen Machthabern anbiederte: HJ-Aktivitäten, die die vorige Schulleitung noch einzuschränken versucht hatte, wurden nun ausdrücklich erlaubt, das Alumnatsleben wurde halbmilitärischen Ordnungen unterworfen, und es wurden sogar (letzten Endes allerdings vergebliche) Anstrengungen unternommen, Hermann Göring für das Amt eines „patronus Gymnasii Joachimici" zu gewinnen. Bald forderte der Krieg seinen Tribut. Als am 26. September 1942 mit einer kleinen Feier an das 30-jährige Bestehen der Schule in Templin erinnert wurde, hatte man 85 Joachimsthaler Lehrer und Schüler zu gedenken, die im Krieg gefallen waren, und das Schlimmste stand noch bevor.

Schon vor dem Ende der Geschichte des Joachimsthalschen Gymnasiums im April 1945 kam das Aus für das Alumnat. Entsprechend einer Verfügung des Kultusministeriums im Jahre 1944 wurden Internate in sogenannte „Deutsche Heimschulen" umgewandelt, die Kindern von Parteifunktionären, Offizieren und Beamten, die zu häufigem Wohnungswechsel gezwungen waren, eine kontinuierliche Erziehung ermöglichen sollten. Auch das traditionsträchtige Joachimsthaler Alumnat – da half auch keine Eingabe an Göring – wurde dieser Umwandlung unterworfen.

Der Vorstoß sowjetischer Truppen auf Berlin im April 1945 verschonte auch Templin nicht. Mehr als die Hälfte der Gebäude der Innenstadt wurden in Schutt und Asche gelegt, und auch das „Joachimsthal" blieb nicht verschont. Eine bis November 1945 dort einquartierte sowjetische Panzereinheit hatte sich offenbar zum Ziel gesetzt, „alles, aber auch alles zu zerstören außer den festen Wänden", heißt es in einem Augenzeugenbericht.⁴⁷ Auch die seinerzeit hinsichtlich ihres Standortes umkämpfte Amalienbibliothek wurde verwüstet und in ihrem Bestand erheblich dezimiert, während übrigens – Ironie der Geschichte – die ursprünglich mit ihr zusammengehörende, aber in Berlin verbliebene kostbare Notensammlung gerettet werden konnte. „Wohin man blickte", so ein Augenzeuge, „ein einziges Bild der Zerstörung einer Tradition."⁴⁸

Zwar wurde unter dem Rektorat von Dr. Otto Deter im November 1945 der Unterricht am Joachimsthalschen Gymnasium wieder aufgenommen, aber schon Mitte 1948 erfolgte die Umwandlung des

Gymnasiums in eine Einheitsschule, in die – im amtlichen Briefkopf so genannte – „Landesschule Templin (früh. Joachimsthalsches Gymnasium) Grund-, Ober- und Berufsschule Schülerheim". Ab September 1955 dann wurde die Landesschule als Nutzerin der Gebäude von einem Institut für Lehrerbildung abgelöst. Danach befand sich auf dem Gelände bis 1990 eine Fachschule für Sozialpädagogik.[49]

Heute stehen die Gebäude weithin verlassen da, und Kurfürst Joachim Friedrich ist längst vom Sockel gestoßen worden. Zwar kann man sich noch über die beträchtlichen Dimensionen des „Joachimsthal" Rechenschaft geben, aber auch große Phantasie reicht nicht aus, um sich das lebendige Gemeinwesen vorzustellen, das das „Joachimsthal" einmal war – und wohl nicht mehr werden wird. Wenigstens ist es bis heute nicht gelungen, der Schule – etwa als Gymnasium mit überregionaler oder gar internationaler Bedeutung – ein neues Profil zu geben. Das einzige an vergangene Zeiten erinnernde „Lebenszeichen" auf dem weitläufigen Gelände mit seinen verlassenen Gemäuern ist der seinerzeit von Professor Lehmann in Wilmersdorf angelegte, dann nach Templin überführte und dort von Dr. Wilhelm Gerhardt weiter betreute Botanische Garten.[50] „Hoffentlich gibt es weiterhin Menschen, die nicht nur von alten Zeiten träumen, sondern die Schule unter veränderten Bedingungen in eine realistische Zukunft bringen", schreibt Dr. Gerhardt.[51] Seine Hoffnung ist allerdings nicht groß. Einstweilen erinnert er an das, was einmal war, und begreift sein Wirken im Botanischen Garten als einen Beitrag zur „Bewahrung des Erbes einer hervorragenden Lehrergeneration".[52]

2. Halle und die Franckeschen Stiftungen

BERUFUNG ZUM DIREKTOR DER FRANCKESCHEN STIFTUNGEN

Geheimrat Dr. Fries war schon zu einer Zeit Direktor der Franckeschen Stiftungen, als August Nebe noch in Lüneburg wirkte. Schon dort war Dr. Fries einmal Gast der Familie Nebe gewesen, und so war es nichts Außergewöhnliches, dass er auch in Templin zu Besuch kam, man kannte sich.

Allerdings hatte August Nebe, als er Dr. Fries Ende 1919/Anfang 1920 im „Joachimsthal" empfing, das Gefühl, sein Besucher habe „etwas auf dem Herzen". Ob August Nebe ahnte, dass Dr. Fries die Frage beschäftigte, wer sein Nachfolger werden sollte?[1] „Da ich aber die Tradition kannte", erinnerte sich August Nebe später, „dass in der Regel der Direktor der Stiftungen seinen Kondirektor „zum Nachfolger bestimme, hatte ich kein Arg gehabt".[2] Dann aber kam im April 1920 ein Brief von Dr. Fries, in dem er August Nebe fragte, ob er „geneigt sei, Ostern 1921 sein Nachfolger zu werden". Und ausdrücklich bekam August Nebe erklärt, es werde davon abgesehen, dem amtierenden Kondirektor das Direktoriat anzutragen.[3]

Wenn August Nebe den Ruf annahm, dann gewiss der großen Aufgabe wegen, aber da waren auch noch – wie es in einem Rückblick heißt – „die alten Familienbeziehungen zu den Stiftungen" – Beziehungen, die bis ins 18. Jahrhundert zurückreichen.

Der Urgroßvater von August Nebe, Johann Friedrich Nebe (1736–1812), war im Jahre 1769 Oberinspektor in den Franckeschen Stiftungen geworden mit dem Auftrag, sich sowohl um die dortigen „deutschen Schulen" als auch um das Waisenhaus zu kümmern.[4] Zuvor schon hatte Johann Friedrich Nebe in Sofie Wagner, einer mit August Hermann Francke verwandten Pfarrerstochter aus dem westfälischen Minden, seine Frau gefunden. Sofie Wagner war nach dem frühen Tode ihrer Eltern im Hause ihres Onkels, des „Archidiakonus" Niemeyer, in Halle aufgenommen worden. Als dann dessen Frau, eine Enkelin August Hermann Franckes, verstarb, war Sofie Wagner zusammen mit ihrem Vetter August Hermann Niemeyer, dem späteren Direktor der Franckeschen Stiftungen, und dessen Geschwistern in die Obhut der als Witwe in Halle lebenden „hoch gebildeten und edel gesinnten Frau Sophie Antoinette Lysthenius"[5] gekommen. Es gab also „Familienbeziehungen zu den Stiftungen" in dem Sinne, dass ein Vorfahr dort als Oberinspektor tätig war, aber eben auch auf Grund der „Nebe und Wagnerischen Eheverbindung, welche den 9ten September 1766 zu Halle vollzogen wurde" – ein Ereignis, auf das seinerzeit „der Jungfer Braut nahe Vettern", unter ihnen August Hermann Niemeyer, mit einem eigens zu diesem Anlass verfassten Gedicht Bezug nahmen.[6]

In der bereits erwähnten lateinisch verfassten Urkunde, die

August Nebe im Jahre 1936 aus Anlass seiner „goldenen Promotion" von der Universität Halle-Wittenberg überreicht bekam, wurden die besonderen „Familienbeziehungen zu den Stiftungen" mit dem Hinweis erwähnt, die Ehrung gelte „AUGUSTO NEBE [...] E GENTE CELEBERRIMA AUGUSTI HERMANNI NIEMEYER ET AUGUSTI HERMANNI FRANCKE ORIUNDO". Solche familiären Bande mögen auf Seiten des Nachfahren als verpflichtendes Erbe empfunden worden sein. In den schweren Zeiten seines Direktoriats mag August Nebe vor dem Hintergrund der Geschichte der Stiftungen, auf die nun kurz einzugehen ist, ein ums andere Mal klar geworden sein, auf eine wie schwere und verantwortungsvolle Aufgabe er sich in Halle eingelassen hatte.

ZUR GESCHICHTE DER FRANCKESCHEN STIFTUNGEN (I)[7]

Die Franckeschen Stiftungen sind unlöslich verbunden mit dem Leben und Wirken des pietistischen Theologen, Pädagogen und Sozialreformers August Hermann Francke (1663–1727). Nach dem Willen Franckes sollten die Stiftungen ein für Deutschland und die Welt angelegter „Pflantzgarten" sein und die menschen- und weltverändernde Kraft der universalen christlichen Heilsbotschaft zum Ausdruck bringen.

Auf Grund seines Bekehrungserlebnisses hatte Francke die Überzeugung verinnerlicht, es könne keinen lebendigen Glauben ohne tätige Nächstenliebe geben. Als Pastor lebte er diese Überzeugung vor, indem er sich der Not verwahrloster Kinder annahm, und als ihm für diese Arbeit eine größere Spende zur Verfügung gestellt wurde, begann er zugunsten „seiner" Kinder mit der Erstellung hilfreicher Rahmenbedingungen. Erstes Ergebnis entsprechender Bemühungen war die Gründung einer Armenschule, die im Grunde zwei sozialen Zwecken gleichzeitig diente: der schulischen Betreuung und Förderung benachteiligter Kinder, aber auch der Unterstützung bedürftiger Studenten, die als Lehrer angestellt wurden. Da die sich nun offenbar als tüchtig erwiesen, erreichten Francke immer wieder Anfragen aus Adels- und Bürgerkreisen mit der Bitte, ihnen doch zu

Johann Friedrich Nebe
1736–1812

Sofie Wilhelmine Auguste Nebe, Geb. Wagner
1746–1814

einem geeigneten Studenten für die Besetzung einer Hauslehrerstelle zu verhelfen. Francke schlug den anfragenden Familien vor, sie sollten – statt einen Hauslehrer zu engagieren – ihre Kinder lieber zur Ausbildung nach Halle schicken, und so entstand neben der Armenschule das (für die Eltern der dort untergebrachten und unterrichteten Kinder kostenpflichtige) „Pädagogium".

Der schulische Dienst an den Waisenkindern führte schon bald zur Errichtung eines kleinen Waisenhauses. Die Existenz eines solchen Hauses, so erkannte Francke, war eine wichtige Ergänzung der Armenschule, da die Unterbringung im Waisenhaus das von den Kindern in der Schule Gelernte gut absichern konnte – allemal besser, als das häuslich instabile Verhältnisse vermocht hätten.

Die wachsende Zahl der Waisenkinder machte bald den Bau eines größeren Waisenhauses nötig, und als schließlich im Jahre 1701 in Glaucha bei Halle ein stattlicher Waisenhausneubau eingeweiht werden konnte, war damit gleichzeitig das Hauptgebäude der Franckeschen Stiftungen entstanden, das vornehmlich Wohn- und Unterrichtszwecken diente. Nach und nach entstanden dann rund um das Waisenhaus herum andere Einrichtungen: eine Buchhandlung, eine Buchdruckerei, eine Buchbinderei und eine Apotheke. Außerdem wurden die Ostindische Missionsgesellschaft[8] und die Cansteinische Bibelanstalt[9] dem Franckeschen Werk angegliedert, aber das Herzstück des Ganzen blieb das der Betreuung, Erziehung und Ausbildung verpflichtete Waisenhaus.

Im Laufe der Zeit kamen weitere Wohnhäuser und Schulen hinzu, so dass nicht zu Unrecht bald von einer Schulstadt gesprochen wurde, und die imponierte nicht nur ihrer Größe, sondern auch ihrer Gliederung wegen. Im Jahre 1692, dem Todesjahr August Hermann Franckes, verteilten sich auf die verschiedenen Schulen über 2000 Schüler, die von mehr als 150 Lehrern unterrichtet wurden, und was die Gliederung betrifft, so orientierte sich das Angebot von Schulen an der damaligen Drei-Stände-Gesellschaft. Es gab „deutsche Schulen" für Jungen und Mädchen (zur Vorbereitung auf praktische Berufe, also zur Ausbildung des „Nährstandes"), es gab die als Internatsschule geführte Lateinschule (zur Vorbereitung auf ein Universitätsstudium bzw. zur Heranbildung des „Lehrstandes"), und es gab das „Pädagogium" (als Schule des „Regierstandes"). Standesunterschiede allerdings wurden nicht festgeschrieben, so dass begabten Kindern durchaus Bildungswege eröffnet wurden, auf denen ein sozialer Aufstieg erreicht werden konnte.[10]

Zweifellos hätten die Franckeschen Stiftungen keine so schnelle Aufwärtsentwicklung und keine so gute Weiterentwicklung erleben können, wenn August Hermann Francke und sein Sohn und Nachfolger Gotthilf August Francke (1696–1769) nicht eine so enge Beziehung zu Brandenburg-Preußen hätten knüpfen können.[11] Das Waisenhaus wurde auf Grund eines königlichen Privilegs „Anstalt des öffentlichen Rechts", das „Pädagogium" wurde als „Pädagogium regium" unter den besonderen Schutz des Königs gestellt, und wenn es Wichtiges zu regeln galt, so stand dem Direktor der Franckeschen Stiftungen der Weg zum König jederzeit offen. Außerdem wurde den Stiftungen von staatlicher Seite durch die Gewährung der Umsatz- und Verbrauchssteuerfreiheit und die Vergabe von Rechten geholfen, die das Backen und Brauen ebenso betrafen wie das Betreiben von Einrichtungen wie der (bereits erwähnten) Buchdruckerei oder einer Tuchmacherei, und diese Privilegien wurden in der Folgezeit immer wieder bekräftigt. Anfang des 19. Jahrhunderts dann suchte der preußische Staat seinerseits die Nähe der Stiftungen: er band sie ins staatliche Bildungswesen ein, was bedeutete, dass der Direktor der Stiftungen fortan der Provinzialschulbehörde unterstellt war – eine Einschränkung gewiss, die aber das Franckesche Werk als solches nicht über Gebühr beeinträchtigte.

*Die Franckeschen Stiftungen zu Halle,
Kupferstich von G. A. Gründler aus dem Jahre 1749*

ZWEI HERAUSFORDERUNGEN BESONDERER ART

Den Jahren des Aufstiegs der Stiftungen folgten in der zweiten Hälfte des 18. Jahrhunderts – bedingt vor allem durch die Zeit des Siebenjährigen Krieges (1756–1763) – Jahre des Niedergangs. Zudem setzte der pietistisch geprägten Schulstadt der nun durch die Aufklärung bestimmte Zeitgeist mächtig zu. Andere vergleichbare Schulen galten als moderner und hatten einen entsprechend größeren Zulauf. Die damalige Leitung der Stiftung hatte dem wenig entgegenzusetzen. Das änderte sich erst während der Zeit des Direktoriats von August Hermann Niemeyer, dem Direktor der Jahre von 1799 bis 1825, der „im Geiste der gemäßigten Aufklärung"[12] Reformen in Gang setzte, und sein Sohn Hermann Agathon, Direktor in den Jahren 1830 bis 1851, sorgte in dieser Hinsicht für eine gute Fortsetzung.

Zu den bestehenden Schulen kamen weitere hinzu, so dass das schulische Angebot um 1850 die folgenden Schulen umfasste: das „Pädagogium regium", die Lateinische Hauptschule, die Realschule, die höhere Töchterschule, die Bürgerschule für Knaben und Mädchen, die Vorbereitungsschule (zur Vorbereitung auf den Besuch der Realschule oder der Lateinischen Hauptschule) und die Freischule (Armenschule) für Knaben und Mädchen. In den genannten Schulen wurden im Jahre 1863, dem Jahr des 200. Geburtstages von August Hermann Francke, fast 3500 Schülerinnen und Schüler unterrichtet.[13]

Nach Hermann Agathon Niemeyer wurden Pädagogen mit der Leitung der Stiftungen betraut, wobei die preußische Regierung unter dem Eindruck des Revolutionsjahres 1848 immer sehr an einer theologisch wie politisch konservativen Leitung gelegen war.

Der Blüte vor dem Weltkrieg folgten die entbehrungsreichen Nachkriegsjahre, vor allem die Zeiten der Trauer über die 217 Lehrer und Schüler der Lateinschule und die 192 Lehrer und Schüler der Oberrealschule, die im Krieg ihr Leben verloren hatten.[14] Von den neuen Zeiten versprach man sich – zumal als Einrichtung, die mehr als zwei Jahrhunderte eng mit dem preußischen Königshaus verbunden war – nicht sehr viel. Bevor Geheimrat Dr. Fries, Direktor seit 1892, aus seinem Amt schied, hatte er rechtzeitig nach einem geeigneten Nachfolger Ausschau gehalten – und er fand ihn (unter Nichtbeachtung der Gepflogenheit, dass bei Ausscheiden eines Direktors der Kondirektor zum neuen Direktor berufen wurde) im Joachimsthalschen Gymnasium zu Templin.

Ansichtskarte zur Erinnerung an
das 200-jährige Bestehen der Franckeschen Stiftungen

AUGUST NEBES DIENST AM LEBENSWERK
AUGUST HERMANN FRANCKES

Allenthalben hatte man Anfang der 20er Jahre "mit den Nöten der Zeit schwer zu kämpfen". Wie schwer die private Alltagsbewältigung war, geht aus Aufzeichnungen von Richard Kirstein hervor, der nach seiner Zeit als Templiner Gemeindepfarrer nun zusammen mit seiner Frau als Ruheständler in Berlin-Dahlem lebte. „Das Herz zitterte, wenn man an den Jammer, die Erniedrigung und drohende Zukunft des Vaterlandes dachte", so Richard Kirstein in Erinnerung an die unmittelbare Nachkriegszeit und den Beginn der 20er Jahre. „Dazu trat", so heißt es weiter, „für den einzelnen und seine Familie die Entwertung des Geldes, die Teuerung der Lebensmittel, der Wohnungsmiete und der Heizung. Mit großer Bangigkeit sahen wir immer dem Besuch des Hausbesitzers entgegen, der Geldsummen forderte, deren Höhen uns bisher unglaublich gewesen waren."[15] Die Ruhegehaltszahlungen der Kirchenbehörde kamen zunächst zögerlich, dann aber – so konnte sich Richard Kirstein erinnern – „begann die Kirchenbehörde zu Berlin das Ruhegehalt in größeren Summen, die sogar die Bezeichnung von Billionen oder Milliarden trugen, auszuzahlen; dadurch wurde es möglich, auf dem Markte Brot, Gemüse, Margarine usw. einzukaufen, obgleich diese Lebensmittel zu ungeheuren Preisen ausgeboten waren."[16]

Schon wer in seiner privaten Situation „mit solchen unbegreiflichen Dingen"[17] wie den beschriebenen zu tun hatte, musste sich hart durchkämpfen. Um wie viel mehr waren damals diejenigen gefordert, die – wie August Nebe – für eine große Einrichtung Verantwortung trugen. Es verwundert nicht, dass August Nebe in der Rückschau auf seine Jahre in Halle zunächst „über das Äußerliche" berichtete, so bedrängend war ja auch alles.[18]

Was die Schulen der Franckeschen Stiftungen betraf, so durften aus Kostengründen keine Parallelklassen mehr geführt werden, und die beiden „höheren Knabenschulen" hätten gar nicht weitergeführt werden können, wenn es nicht gelungen wäre, den Staat zur Übernahme der Lehrergehälter und -pensionen zu bewegen. Dass das Oberlyzeum (die höhere Mädchenschule) verstaatlicht wurde, konnte insofern als Erfolg verbucht werden, als die Verstaatlichung als einstweilige (die Stiftungen entlastende) Maßnahme beschlossen worden war und der Staat seine Bereitschaft bekundet hatte, den Stiftungen die Schule zu einem späteren Zeitpunkt zurückzugeben.

Wenn staatlicherseits Gelder zugesagt waren, so hieß das nicht, dass sie von selber kamen. So hatte denn August Nebe wegen der Gehaltszahlungen an seine Lehrer häufig persönlich in Berlin vorstellig zu werden, „um im Kultus- und Finanzministerium oder in beiden die erforderlichen 3–6 Unterschriften zu erwirken, weil auf dem Instanzenweg die Anweisungen so spät kamen, dass inzwischen die Summen infolge weiterer Geldentwertung völlig zusammengeschrumpft waren".[19] Die Auswirkungen der Inflationszeit auf „die erwerbenden Anstalten" waren verheerend. Da war es nur ein schwacher Trost, dass die Druckerei einigermaßen gedieh, die in staatlichem Auftrag Papiergeld produzierte.

Wenn es August Nebe im Zusammenwirken mit seinem Kondirektor Dr. Walter Michaelis, dem Direktor der Lateinschule, am Ende gelang, die Franckeschen Stiftungen am Leben zu erhalten, so beruhte das durchaus auch auf dem Entgegenkommen des (nunmehr demokratischen) preußischen Staates, der sich zu seinen Verpflichtungen gegenüber dem „größten Barmherzigkeits- und Unterrichtswerk des deutschen Pietismus" schließlich deutlich bekannte.[20] Allerdings waren in diesem Zusammenhang Einschränkungen und Reglementierungen hinzunehmen, und die betrafen unmittelbar auch das Direktorium der Stiftung. Waren bislang der Direktor und der von ihm ernannte Kondirektor, der übrigens 1924 mit dem Direktor gleichgestellt wurde, die allein zuständige Leitung, wurde das Direktorium nun um einen Prokurator und zwei Ministerialvertreter erweitert. Mit der personellen Besetzung, so urteilte August Nebe später, sei er damals ganz zufrieden gewesen, weniger allerdings mit dem eher schleppenden Geschäftsgang.

Immerhin konnte auch unter schwierigen Bedingungen einiges erreicht werden. Mit Hilfe von Freunden aus den USA und Schweden konnten Sanierungsarbeiten in den Internaten erfolgen, deren inneres Gefüge zudem durch die Anstellung von Hausdamen gestärkt wurde. Auf dem Gelände der Stiftungen entstanden – in städtischer Trägerschaft – zwei neue Schulen: eine Sprachheilschule und eine Hilfsschule. Ein neuer Sportplatz wurde angelegt, der dann Austragungsort der regelmäßig veranstalteten „Mitteldeutschen Schülerkampfspiele" wurde, ein Sprachenkonvikt für Theologiestudenten wurde gegründet, und als Erfolg war zu buchen, dass das Leistungsniveau der renommierten Lateinschule gehalten werden konnte. „Innerlich behielten die Stiftungen", so August Nebe später, „trotz allem viel Freiheit" – vor allem, was die Prägung der Schulen und Internate durch die Gewinnung geeigneter Lehrer- und Erzieherpersönlichkeiten betraf.[21] Und dass das kirchliche Leben der Stiftungen – nicht zuletzt durch den Dienst eines Stiftungspfarrers – lebendig blieb, trug gewiss mit bei zur inneren Festigkeit einer Schulstadt, die – selbst wenn sich das Leben in ihr nun zwangloser und freier vollzog – doch zu erkennen gab, in welchem Geist sie einst gegründet worden war.

Eine gute Gelegenheit, sich die Anfänge der Schulstadt zu vergegenwärtigen, bot die im Frühjahr 1927 veranstaltete „Francke-Gedächtnisfeier", mit der an den 200. Todestag von August Hermann Francke erinnert wurde. Wenn diese Feier weit über Halle hinaus

Beachtung fand, dann lag das durchaus mit an der von Friedrich Mahling, Carl Mirbt und August Nebe herausgegebenen Gedächtnisschrift, deren Beiträge nicht auf die (ja doch weithin bekannte) Biographie August Hermann Franckes Bezug nehmen wollten, sondern „in den Kern seines Wesens einzudringen und einzuführen" suchten.[22] August Nebe widmete sich in zwei von insgesamt vier Beiträgen der Gedächtnisschrift den Themen „August Hermann Francke und die Bibel" sowie „August Hermann Francke und die Schule", während die beiden anderen Beiträge die Bedeutung Franckes für die „evangelische Liebestätigkeit" bzw. die „evangelische Mission" zum Gegenstand hatten. Entsprechend seiner Gewohnheit, am Ort seiner jeweiligen Tätigkeit in die Vergangenheit zurückzufragen, hatte sich August Nebe auch vor dem Jubiläumsjahr schon mit Francke literarisch befasst und tat es auch danach noch – immer in der Absicht, Franckes Bedeutung für die Gegenwart zu betonen bzw. „Verständnis zu wecken für sein hohes Wollen und sein gesegnetes Schaffen" vor allem auch auf pädagogischem Gebiet.[23]

„Die Pädagogik bemüht sich stets um den schwächsten
Schüler und sortiert ihn niemals aus."
„Hallesches Reformwerk". Radierung von Hartmut Berlinicke.

Im Blick auf seinen Beitrag über Francke und die Schule stellte August Nebe im Vorwort der Gedächtnisschrift mit leisem Bedauern fest, dass hier (wohl aus Zeitgründen) „statt einer selbständigen Arbeit ein Mosaikbild geboten werden" musste.[24] Aber gerade dieses Mosaikbild zeitgenössischer Urteile über einen „Pädagogen in großem Stil", wie Francke mit Respekt genannt wurde, war gut geeignet, sich über die Langzeitwirkung Franckescher Ideen klar zu werden. Francke war ein Pädagoge, der „das gesamte Schulwesen von der ersten Volksschule bis zur akademischen Lehrtätigkeit ordnete."[25] Orientiert an dem Erziehungsziel der „wahren Gottseligkeit", konnte ihm Frömmigkeit nie praktisch genug sein, und alle Erziehung musste dem Leben dienen, weshalb Francke so sehr an einem Unterricht lag, der auf die Realien Bezug nahm. Sowohl in den „deutschen Schulen" als auch im „Pädagogium" wurden Fächer installiert, die dem praktischen Leben dienten. Nicht nur Lesen, Schreiben und Rechnen gab es in den „deutschen Schulen", sondern auch „die Principia Astronomiae, Geographiae, Physicae, Historiae", und im „Pädagogium" wurden nicht nur Latein, Griechisch und Hebräisch unterrichtet, sondern auch Französisch, deutsche Redekunst und deutsche Poesie, Geographie und Geschichte, Arithmetik und Geometrie und vieles mehr, und immer kam es dabei auf Realitätsnähe an: auf größtmögliche Anschaulichkeit, auf das „Hervorlocken" von Selbständigkeit und das Erlernen von Fertigkeiten. Alles, was hier eingefordert wurde, führte mit dazu, dass sich die Realschule als neuer Schultyp durchsetzte, und nicht von ungefähr war es ein Francke-Schüler, der im Jahre 1747 in Berlin die erste deutsche Realschule gründete.[26]

Von nachhaltiger Wirkung war das von Francke zugunsten der Lehrerbildung eingerichtete „Seminarium Paeceptorum", das erstmals künftigen Gymnasiallehrern zusätzlich zu ihrer wissenschaftlichen Vorbildung eine pädagogische vermittelte. Unter seinem traditionellen Namen bestand dieses Seminar auch zur Zeit August Nebes noch, der dort die Studienreferandare der Stiftungen jahrelang „mit Freude" betreute.[27]

Für August Nebe musste es von besonderem Reiz sein, in Halle an seine frühe – schon zu seiner Elberfelder Zeit begonnene – Beschäftigung mit Johann Amos Comenius erinnert zu werden. Wo immer er sich nun in Franckes Schriften vertiefte, traf er – vor allem im Zusammenhang mit der Lehrerbildung, mit der Gegenwartsorientierung des Unterrichts und mit der eingeforderten Verbindung von Sach- und Sprachunterricht – auf Ideen von Comenius. Der nun unterschied sich durchaus in vielem von Francke. August Nebe aber, der übrigens zu seiner Templiner Zeit Kontakte zur Berliner Comeniusgesellschaft gepflegt hatte, blieb beiden verbunden – wohl weil er an den durchaus in einigen Stücken gegebenen theologischen Divergenzen zwischen Comenius und Francke weniger interessiert war als an ihrer gegenwartsrelevanten Übereinstimmung auf pädagogischem Gebiet.[28]

Dass August Nebe sich so intensiv mit dem Lebenswerk August Hermann Franckes beschäftigte hatte und mit anregenden Publikationen hervorgetreten war, hatte mit dazu geführt, dass er am 200. Todestag von August Hermann Francke, also am 14. Juni 1927, von der Theologischen Fakultät der Vereinigten Friedrichs-Universität Halle-Wittenberg ehrenhalber zum Doktor der Theologie ernannt wurde – „mit dem Ausdruck großer Freude", wie es in der Urkunde heißt, „dass unter seiner Leitung das größte Barmherzigkeits- und Unterrichtswerk des deutschen Pietismus hat durch schwere Zeiten hindurchgeführt werden können, in hoher Anerkennung, dass er ebenso die Erziehung der Jugend im christlichen Geist der Innerlichkeit und umfassenden Bildung als die Sicherung der Tüchtigkeit des wissenschaftlichen Lehrstandes sich mit größtem Ernste hat angelegen sein lassen und mit besonderer Würdigung der wertvollen Förderung, die auch in seinen literarischen Arbeiten der christlichen Pädagogik und der Erforschung des Lebens und Schaffens von August Hermann Francke gegeben worden ist."[29]

Die Urkunde mit diesem Text bekam August Nebe anlässlich der Franckefeier der Universität überreicht. Francke hatte ja schließlich in Halle eine Professur an der Theologischen Fakultät der Universität innegehabt und war Prorektor gewesen, und außerdem bestanden zwischen den Stiftungen und der Universität seit alters auch institutionelle Verbindungen. August Nebe war der Universität dadurch verbunden, dass er Vorsitzender des Wissenschaftlichen Prüfungsamtes war, darüber hinaus verbanden ihn seine wissenschaftlichen Ambitionen mit der Universität.

In dem Maße, wie es seine Zeit erlaubte, war August Nebe schon immer gern zu seiner „ersten Liebe", der klassischen Philologie, zurückgekehrt – zum Beispiel durch Arbeiten über die Krösussage. Vor allem widmete er sich auch wieder seinem länger vernachlässigten Sextus Empiricus, dessen nicht an allen Stellen eindeutig überlieferte Schriften die Philologen zu mancherlei textkritischen Anstrengungen herausforderten. August Nebe erwies sich hier als ein akribischer Altphilologe. Als solcher ließ er sich auch für eine Mitarbeit an der neuen Bibelrevision gewinnen[30], und auch als wissenschaftlicher Pädagoge ließ er sich vielfältig in Anspruch nehmen. So schrieb er Artikel für pädagogische Fachlexika, er übernahm die Neubearbeitung weit verbreiteter pädagogischer Werke[31], und er redigierte – in der Nachfolge von Dr. Fries – die „Lehrproben und Lehrgänge für die Praxis der Schulen", eine anspruchsvolle „Vierteljahresschrift zur Förderung der Zwecke des erziehenden Unterrichts"[32] – eine Zeitschrift, an der er mit Fachartikeln und vor allem mit Buchbesprechungen auch selber aktiv mitwirkte. Besondere Beachtung fand sein Artikel über „Goethes Erziehungsideen und Bildungsideale". Nur summarisch erwähnt sei hier die große Anzahl populärwissenschaftlicher Veröffentlichungen in Zeitungen und Zeitschriften. August Nebe kam es ja immer auch darauf an, „wissenschaftliche Ergebnisse weiteren Kreisen zugänglich zu machen."[33]

Die Franckeschen Stiftungen schienen sich in wirtschaftlicher Hinsicht von 1925 an allmählich zu erholen. Allerdings wurde die Lage der Stiftungen schon 1929 wieder prekär. Die Weltwirtschaftskrise blieb nicht ohne Auswirkungen vor allem auch auf die „erwerbenden Anstalten", der Staat griff ein, und im Zusammenhang mit der Diskussion verschiedener Einsparungsmaßnahmen stand schließlich auch das Amt des Direktors der Stiftungen zur Disposition. Angesichts einer solchen Entwicklung trat August Nebe am 1. 4. 1931 von seinem Amt zurück.[34]

August Nebe blieb mit seiner Frau – nunmehr ohne „Großmutter Martens", die am 13. März 1931 verstorben war – im „Weichbild der Stiftungen" wohnen, die Söhne Ludwig, Gustav und Martin standen längst auf eigenen Füßen, und Tochter Elisabeth hatte bereits 1929 geheiratet und war nach Herborn gezogen, wo ihr Mann Pfarrer war. Schmerzlich, dass August Nebe und seine Frau in den ersten

August Nebe an seinem Schreibtisch in Halle um 1939

Monaten des Zweiten Weltkriegs ihren Sohn Ludwig verloren, nachdem die beiden älteren Söhne ja schon im Ersten Weltkrieg gefallen waren. Dass auch sein Sohn Gustav ein Opfer des Krieges wurde, musste August Nebe nicht mehr erleben. Er starb – in seinem geliebten Halle – am 24. April 1943.[35]

In einem Nachruf und Jahre zuvor schon aus Anlass seines 70. Geburtstages wurde August Nebe in Verbindung mit der Aufzählung seiner zahlreichen Verdienste als eine Persönlichkeit von äußerlich sehr verschlossener Art gewürdigt.[36] Und deshalb, so hieß es, hätten nicht viele Gelegenheit gehabt, seine liebevolle Fürsorge für die ihm anvertrauten Menschen zu erkennen.

Nun mag August Nebe schon immer ein gewisses Maß an Verschlossenheit zu eigen gewesen sein. Was aber sein letztes Lebensjahrzehnt angeht, so spricht vieles dafür, dass er sich zusätzlich noch ein höheres Maß an Verschlossenheit selber verordnete. Dafür hatte er offenbar politische Gründe. Es fällt jedenfalls auf, dass sich in keinem der in seinem Ruhestand veröffentlichten Texte, also weder in seinen historischen und pädagogischen Schriften noch in

Zeitungsartikeln und Buchbesprechungen – selbst in seinen privaten Briefen nicht – Hinweise auf eine innere Nähe zu denen finden, die nach 1933 das Sagen hatten.

Auch nach 1918 blieb August Nebe, um mit seinen eigenen Worten zu sprechen, dem „Geist von Potsdam" verbunden, der sich ihm mit dem „Geist der Weimarer Klassik" und dem „Geist von Wittenberg" verband. Mit der Weimarer Republik musste er sich von Berufs wegen arrangieren, der Zeit danach verschloss er sich.

Wie sehr bei August Nebe die äußerliche Verschlossenheit und die innere Aufgeschlossenheit zwei Seiten ein und derselben Persönlichkeit darstellten, lässt sich gut an einem Erinnerungsbild zeigen, das sich eine Enkeltochter August Nebes bewahrt hat. Anlässlich eines Besuchs bei den Großeltern in Halle kann das damals sechsjährige Kind „durch die leicht geöffnete Tür den Großvater" sehen. Er sitzt „an seinem Sekretär, den weißen Kopf über Papiere gebeugt, neben sich die runde, grünliche Glaskuppel einer Lampe. Und er sitzt vor einer Wand von Büchern." Lange hat das Kind gedacht, „dass es Räume gibt, in denen die Mauern aus Büchern sind". Solche Mauern waren es wohl, hinter denen der Großvater vor den Unbilden der Zeit Schutz fand.[37]

ZUR GESCHICHTE DER FRANCKESCHEN STIFTUNGEN (II)

Zum weiteren Verlauf der Geschichte der Franckeschen Stiftungen sei zunächst hingewiesen auf die schweren Zeiten unter nationalsozialistischer Diktatur. Mit dem Ziel der Erhaltung der Stiftungen und der Gewährleistung ihres der christlichen Tradition verpflichteten Auftrags wurden seitens der Leitung manche Kompromisse geschlossen. Eine Überfremdung der Stiftungen konnte dadurch allerdings nicht verhindert werden. So konnten schließlich „sämtliche nationalsozialistischen Kinder- und Jugendorganisationen" in die Schulen und Stiftungsanstalten Einzug halten.[38]

Schwere Belastungen brachte der Zweite Weltkrieg mit sich. In den Schulen kam der Unterricht fast zum Erliegen. Viele Lehrer und Schüler waren in den Krieg gezogen, die Stiftungen wurden von

Blick in die Kulissenbibliothek

einem Bombenangriff heimgesucht, bei dem über 70 Menschen umkamen, nicht weniger als 312 Lehrer und Schüler verloren ihr Leben im Krieg.

Nach 1945 wurde die „Rechtspersönlichkeit der Stiftungen" aufgehoben. Die Stiftung kam unter das Dach der Universität, was immerhin besser war als eine Aufteilung der verschiedenen Gebäude und Einrichtungen. Im Jahre 1948 wurde dann das Waisenhaus geschlossen, während das im Jahre 1929 unter dem Direktoriat von August Nebe gegründete „Sprachenkonvikt" erhalten blieb.

Soweit die DDR – eigene Ideologie es zuließ, wurde das Franckesche Werk als kulturelles Erbe gewürdigt, wobei aber den Gebäuden der Stiftung eine Würdigung in Gestalt gebäudeerhaltender Maßnahmen versagt blieb, die Stiftungen verfielen. Immerhin blieben die berühmte barocke Kulissenbibliothek, das Archiv und verschiedene Sammlungen erhalten.[39]

Nach der „Wende" von 1989 wurde die Aufhebung der Rechtspersönlichkeit der Stiftungen für nichtig erklärt. Paul Raabe, vormals Direktor der Herzog-August-Bibliothek in Wolfenbüttel, wurde zum neuen Direktor berufen. Er wurde zum Erneuerer der Stiftungen, die heute mit vielen Einrichtungen und Diensten – nicht zuletzt mit ihren vielfältigen Schul- und Ausbildungsangeboten, aber auch

Die evangelische Kirche zu Herborn

hinsichtlich ihrer Zusammenarbeit mit der Universität Halle-Wittenberg – in überzeugender Weise an ihre über 300-jährige Tradition anknüpfen.

Noch einmal ein Blick zurück in die Familienchronik[40]: Nachdem August Nebe 1943 gestorben war, fand seine Frau Franziska Aufnahme in der Familie ihrer Tochter Elisabeth in Herborn bzw. im dortigen Pfarrhaus – ganz in der Nähe desjenigen Pfarrhauses gelegen, in dem August Nebe 1864 geboren wurde. Franziska Nebe blieb dort wohnen bis zu ihrem Tode am 29. Januar 1959. Nach Kriegsende fand sich auch die Familie von Martin Nebe, des jüngsten der vier Söhne, mit ihren drei Kindern im Herborner Pfarrhaus ein, und am 3. Dezember 1945 wurde dann – als viertes Kind und zweiter Sohn – Hans-Martin Nebe geboren. Schon am 6. Dezember 1945 fand die Taufe statt, und das biblische Wort, das Großmutter Franziska Nebe zum Taufspruch bestimmt hatte, verband sich ihr gewiss mit der Erinnerung an das goldfarbene Bild der Adler am Giebel des Haupthauses der Franckeschen Stiftungen – jene Adler, die auch heute noch auf das Wort aus dem Jesajabuch hinweisen: „Die auf den Herrn harren, kriegen neue Kraft, dass sie auffahren mit Flügeln wie Adler, dass sie laufen und nicht matt werden, dass sie wandeln und nicht müde werden." (Jes. 40,31)

IV.
VERSTEHENSVERSUCHE

Im Folgenden werden unter verschiedenen Gesichtspunkten Zitate aus August Nebes Schriften vorgestellt und kommentiert. Und zum Schluss dann noch einmal zur Frage, inwiefern August Nebe ein preußischer Lehrer war.

1. Aus Veröffentlichungen von August Nebe

ÜBER DAS SELBSTVERSTÄNDNIS UND
DEN ANSPRUCH EINES PROTESTANTISCHEN
HUMANISTISCHEN GYMNASIUMS

- „*Initium sapientiae timor dei*, die Furcht Gottes ist der Weisheit Anfang. Das ist und muss der Grund bleiben für jede Schule, für alle Erziehung."[1]

- „Humanismus und Evangelium gehören unlöslich zusammen, jener bezeichnet den rechten Weg: Rückkehr zu den Quellen ungetrübten Wissens, dieses das rechte Ziel: Erkenntnis Christi als des Inbegriffs aller Wahrheit und Weisheit."[2]

- „Die protestantische Schule (als Schöpfung Melanchthons) ruht auf sicherer Grundlage, solange in ihr idealer Sinn und Gründlichkeit des Studiums gepflegt wird; denn jener treibt immer nach oben, diese führt immer in die Tiefe, und alles, was in die Höhe und die Tiefe führt, ist nach einem schönen Wort Neanders dem Religiösen verwandt und geeignet, dasselbe lebendig hervorzurufen."[3]

- Entsprechend dem „Gang der allgemeinen Entwicklung" hat sich der glänzende Aufschwung der Schule" [gemeint ist das „Joachimsthal"] vollzogen „von dem allmählichen Herauswachsen aus den Banden einer engherzigen, spitzfindigen Theologie [...] über

Pietismus und Philanthropinismus hinaus zu der sonnigen Höhe des deutschen Neuhumanismus, der an klassischer Formenschönheit und christlicher Gemütstiefe die Jugend für die Aufgaben des Lebens entwickeln will."[4]

- „Nur Mittel zum Zweck ist jede Schule: die gottverliehenen Gaben und Kräfte des einzelnen zu gestalten und zu entfalten zur möglichsten Vervollkommnung und doch zugleich ihn einzuordnen in das große Ganze der Gesellschaft und des Staates."[5]

ÜBER JOHANN AMOS COMENIUS UND
AUGUST HERMANN FRANCKE, DIE REPRÄSENTANTEN
ZWEIER „BLÜTEPERIODEN" IN DER GESCHICHTE
DER PÄDAGOGIK.[6]

- „Groß als Mensch, groß auch als Pädagog, so steht Comenius vor uns: eine dornenvolle Dulderkrone trägt er als Mensch, eine hell strahlende Ruhmeskrone gebührt ihm als Pädagogen."[7]

- Durch die intensive Beschäftigung mit dem spanischen Humanisten Juan Luis Vives (1492–1540) gelangt Comenius zur „Betonung des Empirismus, der statt sich der getrübten Loupe der Bücherweisheit zu bedienen, das große rätselvolle Buch der Natur selbst aufschlägt, den Weg der Erfahrung betritt und durch ausgedehnte Induktion zu den allgemeinen Gesetzen aufzusteigen sucht." Auch gelangt er zu der Einsicht, „daß die Wissenschaften nur so weit Wert haben, als sie für das Leben nutzbar sind."[8]

- Entsprechend dem Bildungsideal des lutherischen Theologen Johann Valentin Andreä (1586–1654) liegt Comenius daran, „eine einfachere, leichtere und natürlichere Methode einzuführen, die kalte, starre formale Bildung hinter einem warmen, lebensvollen Realismus zurücktreten zu lassen, dem Unterricht durch Beschränkung der Klassikerlektüre einen wahrhaft christlichen Charakter aufzuprägen und einen diesen schweren Aufgaben gewachsenen Lehrerstand heranzubilden."[9]

- „Wir behaupten mit dem Bewußtsein, damit des Comenius pädagogische Bedeutung von einem ganz neuen Gesichtspunkt zu betrachten, daß seine vergleichenden Sprachstudien in erster Linie ihn zu einem Vorkämpfer der Volksschule als notwendiger Vorstufe aller höheren Bildung gemacht haben."[10]

- Franckes „Wirken hat anerkanntermaßen Epoche in der Geschichte der Pädagogik gemacht. Am auffallendsten ist die große Stofferweiterung, die der große Pädagoge unbedenklich in seinen Schulen vornimmt; vor allem in Richtung auf die sogenannten Realien."[11]

- Die „zwei Brennpunkte von Franckes Pädagogik sind immer die wahre Gottseligkeit und die christliche Klugheit. Damit erreicht er eine wunderbare Weite und Vielseitigkeit." Wichtig ist vor allem, „daß er […] überall nicht auf totes Buchwissen zielt, sondern auf lebendige Anschaulichkeit drängt."[12]

- Besonders erwähnenswert ist „die Lebensnähe, die er [Francke] bei der Erziehung anstrebte. Viele, die sich heute für den sogenannten Werkunterricht begeistern, wissen nicht, daß Francke nicht bloß den Waisenknaben Strumpfstricken und Holzsägen und den Mädchen allerlei häusliche Tätigkeiten, dazu das Spinnen, Nähen und Stricken als Hausarbeit zuwies, sondern auch die Schüler der höheren Schulen zu Papparbeit, Drechseln, Glasschleifen und Gartenarbeit heranzog."[13]

- „So ist Francke in all seinem Tun und Denken im großen Sinn des Wortes ein Pädagog, einer wie es Comenius war, und wie es dann Pestalozzi gewesen ist."[14]

ÜBER INDIVIDUAL- UND SOZIALPÄDAGOGIK

- „Wenn Francke bei den mannigfaltigen Leibesübungen und Handfertigkeiten […] nicht alle Zöglinge über einen Kamm schor, sondern ihnen freie Wahl ließ, ‚der Notduft ihrer Constitution entsprechend', so führt uns das auf eine weitere Neuerung seiner Pädagogik, die bewußte Berücksichtigung der Individualität im Unterricht."[15]

- „Individual- und Sozialpädagogik, das sind die zwei Pole, zwischen denen sich die Entwicklung seit den Tagen der Sophistik und Platons bewegt. Freilich die Frage, ob für das Ziel und die Mittel der Erziehung die Gemeinschaft oder die Einzelpersönlichkeit entscheiden soll, ist eigentlich schief; denn die ganz einseitige Durchführung des einen oder anderen Gesichtspunkts ist in der Welt des wirklichen Lebens nicht nur bedenklich, sondern geradezu unmöglich."[16]

- „Ein einseitiger Individualismus hat naturgemäß seine Hauptpflegestätte in der Familie, wo eine alles verstehende und darum verzeihende Nachsicht besonders das einzige Kind leicht geradezu zum Tyrannen des Hauses verzieht [...]. Die Schule [dagegen hat] die Richtung auf Sozialerziehung, die allerdings leicht [...] einseitig nivellierend und uniformierend wirkt. Freilich gelten doch auch hier nicht die blassen Musterknaben ohne alle eigene Note als erstrebenswertes Ziel."[17]

- „Aufgabe der Erziehung [ist] eine höhere Vereinigung der Rechte des einzelnen und der Gemeinschaft [...], die alle Einseitigkeit meidet."[18]

ÜBER „GOETHES ERZIEHUNGSIDEEN UND BILDUNGSIDEALE"

- „Wenn er [Goethe], der Freund der Natur, mit echt wissenschaftlichem Sinn bei seinen Untersuchungen auch das scheinbar Kleine und Geringfügige nicht übersieht und gerade dadurch manches entdeckt, wovon sich die Schulmeisterweisheit seiner Tage nichts träumen ließ, so sucht er erst recht mit dem Blick des feinen Beobachters in Welt und Wesen des Kindes einzudringen. ‚So manches er auch in seinem Leben schon gesehen hatte, so schien ihm doch die menschliche Natur erst durch die Beobachtung des Kindes deutlich zu werden' [...], lesen wir in ‚Wilhelm Meister'."[19]

- „Das Grundgesetz aller vernünftigen Erziehung muß […] die natürliche Entwicklung der gegebenen Keime sein. Was [in Goethes ‚Hermann und Dorothea'] Hermanns Mutter über die Erziehung der Kinder sagt, ist Goethes eigene Überzeugung: ‚So wie Gott sie uns gab, so muß man sie haben und lieben, sie erziehen aufs beste und jeglichen lassen gewähren. Denn der eine hat die, die anderen [haben] andere Gaben. Jeder braucht sie, und jeder ist doch nur auf eigene Weise gut und glücklich!' Also nicht gewaltsames Niederhalten, künstliches Aufpfropfen und willkürliche Behandlung der zarten Menschenpflanzen, sondern geduldiges Gewährenlassen, umsichtige Pflege und sorgsame Erforschung der besonderen Gaben und Kräfte, oder in echt Goetheschem Bilde: der Erzieher sei ‚der geschickteste Gärtner, der für jede Epoche jeder Pflanze die erforderliche Wartung versteht'."[20]

- „Was [aber] erscheint als das Schwerste und Wertvollste in [der] Erziehung? […]: Ehrfurcht – Ehrfurcht vor dem, was über uns, unter uns und neben uns ist, vor Gott, Natur und Menschen. Sie ordnet den Menschen ein in das All, gibt ihm Ehrfurcht vor sich selbst und führt ihn endlich zur höchsten Entwicklungsstufe, zur bewußten, freudigen Teilnahme an der Arbeit für das Gemeinwohl […]. Denn nur im tatkräftigen Wirken für das Ganze liegt unser Glück und das Anrecht der Dauer über die Grenze individuellen Lebens hinaus."[21]

ÜBER DIE GEGENSEITIGE ACHTUNG UND DULDUNG

- Dem Comenius ist „eine nicht aus Gleichgültigkeit, sondern aus der tiefen Innerlichkeit des frommen Sinnes angeborene christliche Weitherzigkeit" eigen, die „statt des Trennenden das Gemeinsame der verschiedenen Bekenntnisse betont."[22]

- Nach dem Krieg „durfte man", wo doch „Katholiken, Protestanten und Juden einander helfend und kameradschaftlich als Gleiche neben Gleichen, als Menschen neben Menschen" zusammengestanden hatten, „als ein dauerhaft wertvolles Ergebnis für die Zukunft erhoffen, dass die konfessionelle Spaltung Deutschlands künftig in

Leben und Schule ihre verbitternde Schärfe und zersetzende Wirkung verlieren und gegenseitigem Verständnis Platz machen würde."²³

ÜBER „DAS OPFERFREUDIGE PFLICHTBEWUSSTSEIN"

- „Unser ‚Joachimsthal' bildet wie jedes echte Gymnasium nicht nur tüchtige Griechen und Römer heran, sondern vor allem echte Deutsche, die Gut und Blut für das Vaterland hinzugeben bereit sind."²⁴

- „Der Krieg war [...] für die Schule so etwas wie eine große Prüfung: wie hat sie sie bestanden? [...] Das opferfreudige Pflichtbewußtsein, die frohgemute Kampfes- und Arbeitslust und die selbstverständliche Hingabe an das Ganze, die die Scharen der Kämpfer beseelten, konnten als ein vortreffliches Ergebnis der Erziehung und Schulung gelten [...]. An Faust und Don Carlos, den er im Tornister mit sich schleppte, gewann gar mancher Kämpfer neue Spannkraft und Erhebung in dem langen Jammer des Stellungskriegs, und von einstigen Schülern der Gymnasien wurde die Stimmung des Griechenheeres vor Troja, von der sie einst in Homers Ilias und in Sophokles' Aiax gelesen hatten, bewußt nacherlebt."²⁵

ÜBER DIE RUHIGE FORTENTWICKLUNG DER SCHULE

- „Wertvoller und segensreicher als eine überstürzte Reform, die im Schulleben ein Chaos schaffen müßte", ist die Respektierung „der weitverbreiteten Sehnsucht nach ruhiger Fortentwicklung [der Schule] auf gegebenen Grundlagen."²⁶

- Die Schule muss darauf Bedacht nehmen, dass „nicht der mit allerlei Wissen vollgestopfte Schulsack unserer Schüler [...] der feste und beste Besitz [ist], den sie mit von hinnen nehmen, sondern die Gewöhnung an ernstes selbständiges Suchen nach Wahrheit und treuen Fleiß."²⁷

- „Mit der nötigen Umsicht und Vorsicht verwandt", kann sich die „Arbeitsschule im Sinne Hugo Gaudigs [...] besonders in den höheren Klassen [...] als fruchtbar erweisen und neues Leben wecken" – eine Schule, die „dem Prinzip der freien geistigen Arbeit Bahn brechen möchte, das Gängelband verwirft, an dem viele Lehrer bis oben hinauf den Gedankengang der Schüler führen, und die Fähigkeit [der Lehrer], den Mund zu halten, sehr hoch einschätzt".[28]

- „Die Vervielfältigung der Bildungswege, die Schaffung von Aufstiegs-möglichkeiten, die freieren Versetzungs- und Prüfungsbestimmungen, die Bewegungsfreiheit, die Bildung von Arbeitsgemeinschaften, die Förderung eines fortwährenden stillen Individualisierens im Unterricht, die Berücksichtigung des Elternrechts an der Schule und Beteiligung der Schüler an Klassengemeinden und Selbstverwaltung" stellen für die gebotene Fortentwicklung der Schule „verheißungsvolle Ansätze" dar.[29]

2. Kommentar

2.1.
Es fällt auf, dass bei der Charakterisierung dessen, was ein protestantisches humanistisches Gymnasium ausmacht, immer drei Elemente eine Rolle spielen: das christliche, das humanistische und nicht zuletzt das patriotische Element. Diese Trias wird immer wieder bemüht, wenn – aus festlichen Anlässen vor allem – Traditionen angesprochen werden, denen sich eine Schule besonders verbunden weiß. In geradezu klassischer Weise wird der christlich-humanistisch-patriotische Dreiklang in einem Text von August Nebes Vater hörbar, der die Klosterschule Roßleben mit den Worten vorstellt: „Der Hauptgedanke, der das ganze Erziehungs- und Unterrichtswerk als roter Faden durchzieht, ist der der Reformation, aus der die Schule herausgeboren ist: die Zöglinge sollen sich emporarbeiten lernen zur sittlichen Freiheit der Kinder Gottes. Aber dieser Faden wird umschlungen von zwei anderen: die Schüler sollen sich – besonders auf dem Grunde der griechisch-römischen Kultur, die grundlegend für unsere gegenwärtige Kultur ist – erheben zu der edelsten

Menschlichkeit; und ferner sollen sie heranwachsen zu Männern, die ihrem Vaterland bis in den Tod getreu ihr Leben weihen."[30]

Wer sich – wie August Nebe das besonders als Schulleiter getan hat – dieser dreifachen Tradition verschreibt, wird schließlich selber als jemand erkannt, der entsprechend dreifach charakterisiert werden kann. So heißt es beispielsweise in der Schulchronik des Lüneburger „Johanneums" anerkennend über August Nebe, er sei „ein echter Christ, guter Patriot und trefflicher Erzieher" gewesen.[31]

Was allerdings eine genauere Charakterisierung von August Nebe betrifft, so muss bedacht werden, dass er *das Humanistische* in der Ausprägung des Neuhumanistischen vertrat, in dem – nach einer Analyse des Historikers Gerhard Besier – sowohl „idealistisches Gedankengut" als auch „Elemente der christlichen Erweckungsbewegung zu einem spezifisch deutschen, religiös-patriotischen Selbstverständnis" verschmolzen waren.[32] Dass August Nebe in der Tat von einem solchen Selbstverständnis getragen war, lässt sich gut an seinen zu offiziellen Anlässen gehaltenen Reden ablesen. Hier werden – in mitunter kühn anmutender Weise – Bibel- und Klassikerzitate in Beziehung zueinander gesetzt, und alles ist nicht ohne einen vernehmlichen patriotischen Grundton.

Was *das Christliche* angeht, so wandte sich August Nebe gegen eine „Religion des schlechthinnigen Abhängigkeits- und Schwächegefühls" und gegen das „andächtige Schwärmen", dagegen tendierte er „zu einer starken und stark machenden Religion, die uns lehrt, dass wir nur so viel Kraft haben, als wir Gott in uns haben"[33] – Ausdruck einer Frömmigkeit, die damit rechnet, dass „die einem Volk innewohnenden sittlichen, kulturellen und seelischen Kräfte" durch den christlichen Glauben geweckt und für Volk und Vaterland nutzbar gemacht werden können.[34]

Melanchthon, so lobt August Nebe, sei es darum gegangen, die Elemente des Christlichen, des Humanistischen und des Patriotischen „zu einer harmonischen Einheit zu verschmelzen." Bei vielen von Melanchthons humanistischen Zeitgenossen dagegen habe „die

Antike das religiöse und nationale Element völlig in den Hintergrund" gedrängt.[35] Im Blick auf August Nebe selber ist zu fragen, ob er nicht – zu Lasten der beiden anderen Elemente der genannten Trias – das nationale Element zu sehr betont hat.

2.2.
Im Zusammenhang mit der Übersiedlung des „Joachimsthal" von Berlin-Wilmersdorf nach Templin wurde sowohl in der Berliner Abschiedsfeier als auch in der Templiner Einweihungsfeier von Seiten der Festredner immer wieder Panier aufgeworfen für das humanistische Gymnasium und die Bewahrung seiner Tradition. Hin und wieder klang auch an, mit welcher Skepsis man den in Wilmersdorf verbleibenden Teil der Schule betrachtete, der bald mit einem Realgymnasium verbunden sein würde und dann ja nur noch als „halbhumanistisches" Gymnasium gelten könne. Leider finde das altehrwürdige humanistische Gymnasium, so einer der Festredner, „in einer Überschätzung der Vorteile, welche für die materielle Seite des Lebens aus der Bevorzugung der Realien gezogen werden können, heutzutage so vielfach Anfechtung."[36]

Auch August Nebe ließ aus gegebenem Anlass in seinen Redebeiträgen erkennen, wie sehr er sich dem humanistischen Gymnasium und dem Humboldtschen Bildungsdenken verpflichtet fühlte. Zugleich aber – und das ließ gewiss auch damals schon aufhorchen – stellte er die Frage: „Dürfen wir Lehrer des 20. Jahrhunderts – wenn wir auch auf dem guten alten Grunde stehen – wirklich noch in der alten Bahn gehen?"[37] Und dann deutete er an, dass das Erhalten und Bewahren einer traditionsreichen Bildungseinrichtung mit deren Weiterentwicklung einhergehen müsse – im Sinne des schönen Wortes, „das in goldenen Lettern über den drei Türen" der neuen Aula leuchtete: „In necessariis unitas, in dubiis libertas, in omnibus caritas, im Notwendigen Einheit, im Nichtnotwendigen Freiheit, in allem Liebe."[38] Dieses Wort verweist auf den tschechischen Theologen und Pädagogen Johann Amos Comenius.[39] Aus einer Schrift, die August Nebe bereits 1891 verfasst hatte, geht hervor, dass der weitherzige lateinische Grundsatz aus dem frühen 17. Jahrhundert stammt und seinerzeit von Comenius – vergebens leider – „in den wilden Kampf der christlichen Konfessionen" hineingerufen worden war.[40] August Nebe stellt den Spruch in einen neuen Kontext und verbindet damit den Wunsch, ebendieses weitherzige Wort – „gerade in nämlichen Zeiten zum Schlagwort geworden, da unser Joachimsthal erstand" – möge in Unterricht und Erziehung immer wieder als „Wegweiser" erkannt werden. Und dann folgen Worte, die – einem Brückenschlag gleich – zwei große Bildungstraditionen aufeinander beziehen. August Nebe führt aus: „Wohl wissen wir, daß jede Schule ihre Eigenart wahren muß, wenn anders sie ihren Wert für das Ganze behaupten will, und halten darum in Treue zu dem Bildungsideal des humanistischen Gymnasiums. Aber die weiten Räume mit ihren reichen Sammlungen und ihren kostbaren Apparaten, die hier den naturwissenschaftlichen Fächern gern zur Verfügung gestellt sind, bezeugen deutlich, wie frei wir von Einseitigkeit sind, wie hoch wir schiedlich-friedliches Zusammenarbeiten schätzen."[41]

Der Empirismus, der lebensvolle Realismus, die Anschaulichkeit und Lebensnähe, die zu Recht assoziiert werden, wenn hier auf die naturwissenschaftlichen Sammlungen und technischen Hilfsmittel hingewiesen wird: sie deuten ein pädagogisches Programm an, dem es darauf ankommt, dass in der Schule nicht nur Kenntnisse, sondern auch Fertigkeiten, nicht nur „Qualifikationen kognitiver Art", sondern auch „Kompetenzen mit Handlungsrelevanz" erworben werden können[42] – ein Programm, das sich für August Nebe vor allem mit Johann Amos Comenius, August Hermann Francke und Heinrich Pestalozzi verbindet.[43] In deren Namen geht es August Nebe offenbar um mehr als um das (gar nicht abzuwertende, weil unverzichtbare) Lernen im Bereich der sekundären Wirklichkeit eines Gymnasiums. Es geht ihm wohl zugleich auch um einen Unterricht, der sich durch Lebensnähe auszeichnet und der der primären Wirklichkeit auf eine Weise Rechnung trägt, die den Graben zwischen Theorie und Praxis überbrücken hilft. Es darf angenommen werden, dass August Nebe den über den Aulatüren des neuen Templiner Gymnasiums zu lesenden lateinischen Spruch auch als Hinweis auf Comenius und die durch ihn repräsentierte Pädagogik und Schulerziehung verstanden wissen wollte.

Wie weit die grundsätzlichen schulpädagogischen Vorstellungen August Nebes ihrer Zeit schon voraus waren, ist gut an einem in den 1970er-Jahren in Nordrhein-Westfalen durchgeführten Schulversuch ablesbar. Auch in Bielefeld-Bethel wurde seinerzeit – wie andernorts in NRW – eine so genannte „Kollegschule" geplant und erprobt, die sich der Verknüpfung von Allgemeinbildung und Berufsbildung verschrieben hatte. Und dabei war man von vornherein – und im Verlauf des Schulversuchs immer mehr – davon überzeugt, dass man sowohl von Humboldt als auch von Comenius und Pestalozzi lernen könne.[44] In einem Vortrag über „Anthropologische Zusammenhänge und pädagogische Ziele der Kollegschule Bethel" ist zu lesen, es müsse der Kollegschule darum gehen, „den integrativen Zusammenhang von ‚erfahren' und ‚lernen' unterrichtlich so fruchtbar zu machen, daß er aus keinem Unterricht mehr fortzudenken ist."[45] Darum ging es im Grunde auch August Nebe, der während seiner Tätigkeit in den Franckeschen Stiftungen ein intensiveres Verhältnis zur Pädagogik August Hermann Franckes entwickelt und dabei entdeckt hatte, dass viele pädagogische Gedanken Franckes auf Comenius zurückverwiesen. Besonders faszinierte ihn, dass sich Comenius und Francke als ausgesprochene Systematiker der Pädagogik zu erkennen gaben – Comenius mit seinem nimmermüden Streben nach systematischem Ausbau der Pädagogik und Francke mit der systematischen Verwirklichung seiner pädagogischen Grundvorstellungen im Rahmen einer gegliederten Schulstadt. Gewiss hätte sich August Nebe keine Zusammenführung studien- und berufsbezogener Bildungsgänge unter dem Dach einer einzigen Schule vorstellen mögen, wie das die Kollegschule propagierte, aber ihm lag an einem geordneten, alle Bildungsgänge berücksichtigenden Schulwesen – und allemal an einem Zusammenhang von „erfahren" und „lernen".

Besonders angetan war August Nebe von der so genannten „Mutterschule" des Comenius und der damit verbundenen Überzeugung, dass „die Kinderjahre für die Bildung des menschlichen Geistes von unendlicher Wichtigkeit" sind. Dass der „Fragegeist" im Kinde geweckt und dem Kind zur Gewöhnung an ein tätiges Leben verholfen werden müsse, damit das „Kraut der Langeweile" und was daraus an Müßiggang und Verwilderung erwachsen könne, keine Chance habe: dem allen konnte August Nebe nur zustimmen.[46]

Angetan von den Gedanken des Comenius zur Etablierung der Volksschule als Unterbau des Gymnasiums, war August Nebe auch als überzeugter Lateiner bereit, der Aufwertung der Muttersprache zuzustimmen – wie er denn überhaupt die einer Schulentwicklung wenig förderlichen Einseitigkeiten vermied.

2.3.
Bei aller Wertschätzung Franckes benennt August Nebe auch Schwachpunkte der Franckeschen Pädagogik. Die „zwei wirklich schwachen Punkte" sind für ihn „die Überfütterung der Zöglinge mit Religion durch vieles Beten und Bibellesen, selbst bei den Mahlzeiten, und die ängstliche Beaufsichtigung in allem ihren Tun und Lassen."[47] Aber durch solche Einseitigkeiten lässt sich August Nebe nicht den Blick dafür verstellen, dass Francke an der „Berücksichtigung der Individualität in Erziehung und Unterricht" lag.[48] So weist August Nebe darauf hin, dass Francke die verbreitete Ansicht in Frage stellte, derzufolge Schüler in sämtlichen Fächern einer Klasse angehören sollen. Vielmehr, so Francke, sei es doch geboten, Schüler (ganz abgesehen von ihrer Zugehörigkeit zu einer Klassenstufe) nach dem Maß ihrer jeweiligen Kenntnisse zu fördern – ein Gedanke, den August Nebe, selbst wenn er ihn nicht schulorganisatorisch umsetzte – offenbar einleuchtend fand.

Dass Schüler zu lernen haben, sich in einem ausgewogenen Verhältnis sowohl individuell als auch sozial zu verhalten, war für August Nebe selbstverständlich. Wie sehr ihm an einer Ausbalancierung von Individual- und Sozialerziehung lag, ist deutlich ablesbar an der inneren Ausgestaltung des Templiner Familienalumnats. Alle in diesem Zusammenhang entstandenen Ordnungen und Bestimmungen sollten ein „stilles Individualisieren" ebenso ermöglichen und fördern wie ein gemeinschaftsdienliches Verhalten.

2.4.
In seinem Brief an August Nebe vom 8.1.1932 bedankt sich der Freiburger Psychiater Alfred Hoche[49], weiland Banknachbar von August

Nebe in der Klosterschule Roßleben, für den „Goethe-Aufsatz"[50], den sein alter Schulfreund ihm zur Kenntnis gegeben hat. Im Spiegel dieses Aufsatzes erkennt Hoche sowohl seinen Schulfreund wieder als auch sich selber. „Wie wenig man sich verändert", schreibt Hoche. „Genau wie vor 50 Jahren bist Du der Idealist, der, im Besitze absoluter Werte und Maßstäbe, an das Gute im Menschen und seine Entwicklungsfähigkeit glaubt, während ich nach wie vor als Skeptiker sehr viel mehr dazu disponiert bin, das Negative zu sehen. Mein Glaube an die dem Menschen beschiedene Dosis von Bildbarkeit ist immer geringer geworden; wenn man jahrzehntelang die im großen und ganzen bestehende Unwandelbarkeit des Charakters im täglichen Kampf mit seinen Abweichungen aufgedrängt erhält, verliert man das bischen an Erwartung, was man etwa noch hatte."[51] Zwar hat Hoche von der Lebensmitte an „ein Verhältnis zu Goethe gekriegt", wie er in einem späteren Brief betont. Aber Goethes Idealismus, wie er aus dem Artikel seines Schulfreundes spricht, vermag er nicht zu teilen. „Zweifellos bist Du feiner raus", spielt Hoche auf den Idealismus seines Freundes und dessen „wirklich inneres Verhältnis" zu Goethe an.[52] Immer wieder sei ja in August Nebes Schriften „der rote Faden" seines besonderen Verhältnisses zu dem alten Weimarer „sehr merkbar", so Hoche in einem anderen Brief. „Der Weimaraner", scherzt Hoche, „hat darin etwas Unsympathisches, daß der alte Knabe immer schon alles gesagt hat."[53] Was will man denn da selber noch sagen? „Na ja, alles, was wichtig ist, darf ruhig zu wiederholten Malen gesagt werden", wird August Nebe gedacht haben. So plädiert er in Sachen Erziehung mit Goethe gern noch einmal für das Raumgewähren eigener Kräfte, zugleich aber auch für die Befähigung zur „Teilnahme an der Arbeit für das Gemeinwohl". Erziehungsmaxime hat demnach ein ausbalanciertes Verhältnis von Individual- und Sozialerziehung zu sein.

2.5.

In seinen historischen Beiträgen lässt August Nebe – selbst wenn er sich einer ausdrücklichen Wertung des Dargestellten enthält – in der Regel gut erkennen, wo sein Herz schlägt. Wenn August Nebe den Comenius von „Bruderliebe und Frömmigkeit" sprechen lässt, deren versöhnende Kraft weiter reicht als nur bis zu den Grenzen der eigenen Konfession[54], wenn er dem Comenius bescheinigt, „statt des Trennenden das Gemeinsame der verschiedenen Bekenntnisse betont"[55] und christliche Weitherzigkeit an den Tag gelegt zu haben, dann ist August Nebes Zustimmung unmittelbar zu spüren. Und wenn er die pansophischen Vorstellungen des Comenius vom Ziel der „Wiedervereinigung der ganzen Menschheit in Wissen, Glaube und Liebe"[56] erwähnt, wünscht sich August Nebe wohl, dass in Comenius mehr erkannt wird als ein bloßer Schwärmer.

Christliche Weitherzigkeit fand August Nebe auch bei Francke, wobei er dessen Weite und Vielseitigkeit gut in einem Bild wiederfinden konnte, das auf Gerhard Tersteegen zurückgeht: „Der Christ gleicht einem Zirkel; wenn der eine Fuß nur fest im Zentrum steht, so kann der andere so weit ausholen, wie er will, es entsteht doch immer ein rechter Kreis" – ein Bild, das August Nebe auch als Auslegung des Apostelwortes „Alles ist euer, ihr aber seid Christi" (1. Kor. 3,22+23) begreifen konnte.[57]

Standpunktlosigkeit führt zur Beliebigkeit; wer aber „seinen Fuß im Zentrum hat" und in christlicher Bindung und Verantwortung lebt, der kann – wofür nachfolgend Beispiele angeführt werden – aktive Toleranz üben.

In einer Veröffentlichung über „Friedrich Wilhelm I. und Gotthilf August Francke" weist August Nebe darauf hin, wie sehr dem Soldatenkönig an einer ordentlichen „religiösen Fürsorge" seiner Armee lag, besonders der seiner „Potsdamer Riesengarde", zu der Soldaten aller Herren Länder gehörten. Jeder von ihnen sollte nach dem Willen des Königs „religiöse Unterweisung und Seelsorge im Glauben und in der Sprache seiner Väter erhalten."[58] So wurden denn Geistliche unterschiedlicher Konfession und Sprache in Dienst genommen – ein von August Nebe besonders hervorgehobenes Zeichen für die Achtung vor dem Glauben des anderen jenseits von Engherzigkeit, ein Zeichen für die von Marion Gräfin Dönhoff zu den „Grundbegriffen des Preußischen" gezählte Toleranz.[59]

Der Toleranzgedanke war nicht zuletzt in Preußens Schulen zu Hause, August Nebe blieb ihm verpflichtet. Auch in der traditionell mehrheitlich protestantischen Schülerschaft des Joachimsthalschen Gymnasiums waren die jüdischen und die katholischen Schüler Gleiche unter Gleichen und Schüler unter Schülern. Noch bis in die 1930er-Jahre war eine solche Toleranz an preußischen Schulen selbstverständlich, wie sich auch Marcel Reich-Ranicki erinnert, der seinerzeit in Berlin-Wilmersdorf Schüler des Fichte-Gymnasiums war. Als seine Mutter den Direktor des Gymnasiums besorgt fragte, ob ihr Sohn wohl seiner jüdischen Herkunft wegen an der Schule mit Nachteilen zu rechnen habe, bekam sie zur Antwort, das sei in einer preußischen Schule, die doch ihre Tradition habe, undenkbar.[60]

2.6.
Der nach dem Krieg vor allem von deutschen Germanisten erhobene Vorwurf, die humanistischen Gymnasien seien zu wenig vaterländisch gewesen, wurde vonseiten der kritisierten Schulen mit dem Hinweis abgewehrt, man habe sehr wohl auch „echte Deutsche" ausgebildet. August Nebe schloss sich dieser Entgegnung an und verstärkte sie noch durch Hinweise auf das vaterländische Verhalten einstiger Gymnasiasten im Krieg. August Nebe hat den Krieg bejaht. In dieser Hinsicht wusste er sich einig mit renommierten Gelehrten seiner Zeit – mit Adolf von Harnack zum Beispiel, mit dem klassischen Philologen Ulrich von Wilamowitz-Moellendorff, auch mit seinem verehrten Lehrer Wilhelm Windelband und darüber hinaus mit vielen national gesinnten Literaten und Professoren der unterschiedlichsten Fachrichtungen. Sie alle blieben trotz ihrer weit ausgreifenden Ideen ganz „in den Schranken ihrer Zeit."[61] Wie sich August Nebes Einstellung zum Ersten Weltkrieg mit dem ansonsten von ihm repräsentierten (ja doch nicht nur national orientierten) Gedankengut zusammenbringen lässt, ist schwer nachvollziehbar. Verstehensversuche kommen hier an ihre Grenze. Am ehesten hilft da noch der „Schlüsselsatz" von Horst Krüger, der am Ende seiner Liebeserklärung an Preußen die preußische Mentalität mit dem Satz charakterisiert: „Bewahre die Haltung – die Form ist der Inhalt." Horst Krüger fährt fort: „Dieser Satz ist für mich Preußen zuletzt. Es ist ein

stolzer, großer Satz, aber auch sehr gefährlich. Er ist mir der Schlüsselsatz für den ganzen Staat. Ich wiederhole ihn deshalb: Die Form ist der Inhalt. Damit wurde Preußen groß, nur durch die Form, nur durch Zucht, alles war Haltung. Daran ist es zugrunde gegangen, frühestens mit der Reichsgründung, spätestens unter Hitler... Es gab nur Pflicht und Gehorsam, selbst dem Bösen gegenüber."[62]

2.7.
Dass das einmal Erreichte immer wieder weiterentwickelt werden musste, hatte August Nebe in langen Lehrer- und Schulleiterjahren zu verinnerlichen gelernt. Er zeigte sich stets offen für neue Ideen, so beispielsweise auch für Anregungen des Pädagogen Hugo Gaudig (1860–1923), der die ermüdende Lernschule durch die aktivierende Arbeitsschule abgelöst wissen wollte.[63]

3. Ein preußischer Lehrer

Was alles mitgemeint ist, wenn August Nebe ein L e h r e r genannt wird, mag hinreichend deutlich geworden sein. Inwiefern er als ein p r e u ß i s c h e r Lehrer gelten kann, mag abschließend noch einmal an Marion Gräfin Dönhoffs „Grundbegriffen des preußischen Wesens" deutlich werden, zu denen die „Gerechtigkeit und Freiheit für das Individuum" ebenso gehört wie die „Verantwortung für das Ganze" und die „Loyalität ohne Willfährigkeit" ebenso wie die „Toleranz aus Vernunft"[64]. Zu ergänzen sind die Begriffe insofern, als ihnen – im Sinne der protestantisch-preußischen Tradition, wie sie sich in der Gründungsurkunde des Joachimsthalschen Gymnasiums spiegelt – noch ein sozusagen „christlicher Grundbegriff" zuzuordnen bzw. vorzuordnen ist. Es geht um das „Initium sapientiae timor dei", die Furcht Gottes ist der Weisheit Anfang, August Nebe wies immer wieder darauf hin.

So gut wie das „in den Schranken seiner Zeit" möglich war, um eine Formulierung von ihm aufzunehmen, wollte August Nebe ein Repräsentant und Interpret von Idealen sein, wie sie sich in den erweiterten Dönhoffschen „Grundbegriffen des Preußischen" aussprechen. Nur zu gut allerdings wusste er um „die Demütigung, die keinem ernsten Manne erspart bleibt, wenn er sein Tun im Spiegel des Ideals beschaut".[65]

Festzuhalten jedenfalls ist: August Nebe hat sich „in den Schranken seiner Zeit und Individualität"[66] um das preußische höhere Schulwesen verdient gemacht, und so darf er mit Respekt ein preußischer Lehrer genannt werden.

NACHWORT

Wenn ganz zum Schluss – wie schon zu Beginn – Wilhelm Raabe das Wort gegeben wird, so geschieht das um des schönen Hinweises willen, dass das gelebte Leben immer mehr ist, als eine Biographie davon auch nur von ferne erfassen kann. Bei Wilhelm Raabe findet sich die Notiz: „Der alte Goethe aber sagte, als er einst mit seinem Eckermann über einen [...] niederländischen Maler das Künstlerlexikon nachschlug: ‚Wenn man weiter nichts vom Leben hätte, als was unsere Biographen [...] von uns sagen, so wäre es ein schlechtes Metier, und überall nicht der Mühe wert.'" [1]

ANMERKUNGEN

VORWORT

1. Entsprechend einer schulamtlichen Beurteilung August Nebes von 1913. Vgl. G. Boesch: Geheimrat D. Dr. August Nebe, rector (sic) Joachimicus 1909/21, zum 70. Geburtstag, am 8. September 1934. In: Der Alte Joachimsthaler. Vierteljahrsblatt der Vereinigung Alter Joachimsthaler, Nr. 27, 7. Jahrgang, S. 23–24. Zitate bei Melanie Zahn: Leben und Werk August Nebes (1864–1943) unter besonderer Berücksichtigung der Alumnatserziehung, Magisterarbeit, Potsdam o. J., S. 19.
2. Wilhelm Raabe: Die Chronik der Sperlingsgasse, Berlin 1864, 2. Aufl., S. 6.

EINLEITUNG

1. Wilhelm Raabe in „Horacker". Sämtliche Werke („Braunschweiger Ausgabe"), Bd. 12, S. 398.
2. Marion Gräfin Dönhoff: Der frühe Tod des alten Preußen, S. 9.
3. Alfred Hoche: Jahresringe, S. 74.
4. Theobald Ziegler, August Nebe: Geschichte der Pädagogik, S. 439.
5. ebd. S. 439f.

I. VON ANFÄNGEN UND AUFBRÜCHEN

1. Die Hohe Schule zu Herborn, die „Johannea", wurde 1584 von Graf Johann VI. von Nassau- Dillenburg gegründet. Ihre Gründung steht im Zusammenhang mit dem 1579/80 eingeführten reformierten Bekenntnis. Die Hohe Schule sollte der geistigen Abwehr der Gegenreformation dienen. Der wohl bedeutendste Student der Hohen Schule war der tschechische Theologe und Pädagoge Johann Amos Comenius (1592–1670). An die Stelle der 1817 aufgehobenen Hohen Schule trat das auch heute noch bestehende Theologische Seminar der Evangelischen Kirche in Hessen und Nassau, das Vikarinnen und Vikare auf ihren praktischen Pfarrdienst vorbereitet.
2. August Nebe: Chronik der Familie Nebe, S. 14.
3. „Unter evangelischen Perikopen versteht man das System von Schriftstücken, aus den Evangelien entlehnt, welche, für den öffentlichen Gottesdienst auserlesen, über das ganze Kirchenjahr sich erstrecken". (August Nebe: Die evangelischen Perikopen des Kirchenjahres,

Wiesbaden 1869, Bd. 1, S. 1). Entsprechend versteht man unter epistolischen Perikopen die für den Gottesdienst ausgewählten Abschnitte aus den neutestamentlichen Briefen.

4. August Nebe: Chronik der Familie Nebe, S. 15.
5. August Nebe (sen.): Die Klosterschule Roßleben, S. 6. Während ihrer Zeit in der Roßleber Klosterschule sind nicht wenige Schüler nachhaltig geprägt worden. Bei Vollmer (Doppelleben, S. 64), findet sich der Hinweis, dass allein acht ehemalige Schüler zu den „Männern des 20. Juli 1944" gehörten.
6. ebd. S. 8.
7. ebd. S. 18.
8. Im Archiv der Klosterschule Roßleben ist das Abiturzeugnis August Nebes noch vorhanden. Für seine Leistungen in den Fächern „Deutsch", „Lateinisch" und „Griechisch" erhielt der Abiturient jeweils die Note „Vorzüglich".
9. August Nebe in einem Brief vom 18.10.1882 an seinen Schulfreund Alfred Hoche. Auch im Folgenden wird mit kleinen Zitaten auf diesen Brief Bezug genommen.
10. Der Philosoph Wilhelm Windelband (1848–1915) verfasste 1892 ein „Lehrbuch der Geschichte der Philosophie", das – in der Bearbeitung von Heinz Heimsoeth – auch heute noch als Standardwerk gilt.
11. August Nebe: Lebenslauf, S. 1.
12. Heinrich von Treitschke (1834–1896), Historiograph des preußischen Staates. Problematisch war seine antisemitische Grundhaltung, von der sich August Nebe offenbar nicht beeinflussen ließ.
13. August Nebe: De mysteriorum eleusiniorum tempore et administratione publica. Halle 1886. Die 28 Seiten umfassende, lateinisch verfasste Dissertation bezieht sich auf den durch Ausgrabungen freigelegten heiligen Bezirk in der griechischen Stadt Eleusis (heute: Elevsis) und das dort jeweils im Herbst zu Ehren der Fruchtbarkeitsgöttinnen Demeter und Persephone begangene Fest. Die Baugeschichte des Tempelbezirks reicht von 1400 v. Chr. bis in die Mitte des 2. vorchristlichen Jahrhunderts.
14. August Nebe: Lebenslauf, S. 1.
15. Das Domgymnasium Magdeburg existierte ab 1928 zusammen mit dem „Pädagogium zum Kloster Unser lieben Frauen" bis 1950 weiter als „Vereinigtes Dom- und Klostergymnasium".
16. August Nebe: Chronik der Familie Nebe, S. 19.
17. ebd. S. 15.
18. August Nebe in einem Brief aus Rom vom 16.12.1888 an seine Eltern in Roßleben. Auch die folgenden kleinen Zitate entstammen diesem Brief.
19. Der griechische Philosoph und Arzt Sextus Empiricus lebte um 200 n. Chr. Er war für seine Kritik an metaphysischen und wertenden Urteilen bekannt, weshalb man ihn zu den Skeptikern rechnete.

II. ERFÜLLTE LEBENS- UND BERUFSJAHRE UND IMMER WIEDER NEUE PERSPEKTIVEN

1. August Nebe in einem Brief aus Elberfeld vom 15.5.1889 an seine Eltern in Roßleben. Auch im Folgenden wird aus diesem Brief zitiert.
2. August Nebe in einem Brief aus Elberfeld vom 14.12.1892.
3. August Nebe: Chronik der Familie Nebe, S. 32f.
4. Siegfried Joost: Das Joachimsthalsche Gymnasium", S. 100. Im Deutschunterricht der „Sexta 2" (Ordinarius „Wissenschaftl. Hilfslehrer Dr. Nebe") wurden übrigens im Schuljahr 1890/91 „gelernt": „Vom Bäumlein, das andere Blätter hat gewollt. Der Bauer und sein Sohn. Der gute Kamerad. Die wandelnde Glocke. Das Riesenspielzeug. Siegfrieds Schwert. Schwäbische Kunde. Frühlingsglocken. Das Lied der Vögel. Der kleine Hydriot. Des Knaben Berglied. Mein Vaterland. Die Wacht am Rhein." (August Nebe: Vives, Alstedt, Comenius in ihrem Verhältnis zueinander, Anhang S. 53).
5. August Nebe: Lebenslauf, S. 2.
6. In welchen Räumen sich das Alumnat damals befand, ist nicht mehr auszumachen. Im Plöner Schloss jedenfalls, das in späterer Zeit für Unterrichts- und Alumnats- bzw. Internatszwecke genutzt wurde, war seinerzeit eine preußische Kadettenanstalt untergebracht. Im Jahre 2002 musste das Internat aus Kostengründen aufgegeben werden. Vgl. Geschichte des Plöner Gymnasiums www.gym-schloss-ploen.de, S. 1f.
7. August Nebe: Lebenslauf, S. 3.
8. August Nebe: Geschichte des Johanneums zu Lüneburg 1806–1906. In: Festschrift zur 500jährigen Jubelfeier des Johanneums 26–28. September 1906. Lüneburg 1906, S. 101f.
9. Festschrift des Johanneums von 1956, S. 22.
10. Vgl. Anmerkung 8.
11. www.fh-lueneburg.de/u1/gym03/homepage/chronik/realgymnasium/ 30.6.2005.
12. Vgl. Anmerkung 8.
13. Festschrift des Johanneums von 1956, S. 22. Vorschulen waren bis zu ihrer Abschaffung im Jahre 1920 höheren Schulen angeschlossene Erziehungseinrichtungen, die auf den Eintritt in die erste Klasse einer höheren Schule vorbereiteten.
14. ebd. S. 22.
15. ebd. S. 23.
16. August Nebe: Lebenslauf, S. 3.
17. ebd. S. 3.
18. ebd. S. 4.
19. Festschrift des Johanneums von 1956, S. 22.
20. August Nebe: Lebenslauf, S. 4.

III. ZWEI HERAUSFORDERUNGEN BESONDERER ART, DAZU IN SCHWEREN ZEITEN.

1. Berlin-Wilmersdorf, Templin und das Joachimsthalsche Gymnasium

1. Siegfried Joost: Das Joachimsthalsche Gymnasium, S. 100.
2. August Nebe: Die Abschiedsfeier des Königlichen Joachimsthalschen Gymnasiums, S. 8. Dort auch die folgenden kleinen Zitate.
3. In Franz Hessels Romanfragment „Alter Mann" wird das monumentale Schulgebäude näher beschrieben. Auf einem abendlichen Gang durch Berlin entdeckt der Protagonist seine alte Schule wieder.
„Abends geht er aus, weiß nach der aufgeschriebenen Adresse erst nicht, wo in der langen Allee das Stadthaus eigentlich ist, merkt dann beim Beschauen der Straßennummern, daß es nichts andres sein kann als dort nach dem Gartenplatz gleich das große gelbe Gebäude, in das er vor vierzig, fünfzig Jahren in die Schule gegangen ist. Ja, das war seine Schule, hier draußen war das uralte Gymnasium allerdings nur zwei, drei Jahrzehnte untergebracht gewesen, das dann in die märkische Kleinstadt gewandert war, etwa zwanzig Jahre nach seiner Schulzeit. Ja und nun war das hier Stadthaus mit Behörden und Repräsentationsräumen.
Von außen war es noch anzusehen wie damals. Da standen noch links Platon und rechts Aristoteles als Statuen in Nischen überm Haupteingang. Im Atrium des Erdgeschosses vermißte er an der Wand die Inschrift DIC CUR HIC, die einst jeden Morgen den Schüler mit ihrer schwer zu beantwortenden Frage bedrängt oder ergötzt hatte.
Seine Karte für [den] „Bunten Abend" des Volksbildungsamtes [zu dem er sich aufgemacht hatte] fand er in der ehemaligen Pedelloge, da, wo es damals Schmalzkuchen gab. Er wurde zur Treppe links gewiesen. Das war die Alumnatseite von früher, eine Treppe, die er als Hospitant nur selten betreten hatte. Aber dann der lange Gang im ersten Stock führte wieder ins sehr Vertraute. Da war der Vorraum und dann die großen offenen Türen zur Aula. Und als er in die eintrat, summte und dröhnte es wie von fern in seinen Sinnen. [...] Das Chor dieser Schulkirche war bühnenhaft verhangen. Grüne Vorhänge, die waren ihm fremd und wohl neu. Aber darüber las er die alte Inschrift, die unvergeßliche, hundertmal angesehene, dem Sextaner rätselhaftes Griechisch, von Tertia ab entziffert und gedeutet: „Alles Wissen, das sich von der Tugend entfernt, ist Panourgia [Verschlagenheit], nicht Weisheit." (Franz Hessel: Alter Mann, S. 12f.)
4. August Nebe: Lebenslauf, S. 4.
5. Franziska Nebe in einem Brief vom 19.4.1912 an ihre Schwägerin Lina Nebe in Roßleben. Dort auch die folgenden kleinen Zitate.
6. Für die Darstellung der Geschichte des Joachimsthalschen Gymnasiums wurden herangezogen: August Nebe, Die Abschiedsfeier des Königlichen

Joachimsthalschen Gymnasiums in Berlin-Wilmersdorf, der Neubau in Templin und die Einweihungsfeier, Halle 1913, S. 6ff. – M. Regler, R. Tobler: Alma Mater Joachimica, Templin 1929. – Siegfried Joost: Das Joachimsthalsche Gymnasium, Wittlich 1982. – Heinz Wegener: Das Joachimsthalsche Gymnasium – Die Landesschule Templin. Ein Berlin-Brandenburgisches Gymnasium im Mahlstrom der deutschen Geschichte 1607–2007, Berlin 2007.

7. Siegfried Joost: Das Joachimsthalsche Gymnasium, S. 34.
8. König Friedrich Wilhelm III. (1797–1840) befahl im Jahre 1810, da „der Staat durch geistige Kräfte ersetzen müsse, was er an physischen verloren habe", die Gründung einer Universität in Berlin. Vgl. Hans E. Stier: Deutsche Geschichte, S. 710. Zum Leiter des Kultur- und Unterrichtswesens wurde im Jahre 1809 Wilhelm von Humboldt (1767–1835) berufen.
9. Verschiedentlich ist in diesem Zusammenhang bei Humboldt – vielfach zitiert – vom Bildungsziel einer zur „Totalität" gebildeten Individualität die Rede.
10. Vgl. Siegfried Joost: Die Geschichte des Joachimsthalschen Gymnasiums, S. 44.
11. ebd. S. 44. Schulpforta: Fürstenschule (1543–1935) in Pforte, einem heutigen Stadtteil von Bad Kössen in Sachsen-Anhalt.
12. ebd. S. 80. Der bekannte Theologe, Philosoph und Pädagoge Friedrich Schleiermacher (1768–1834) war u.a. ein renommierter Übersetzer Platons.
13. Vgl. Siegfried Joost: Die Geschichte des Joachimsthalschen Gymnasiums, S. 96.
14. Vgl. August Nebe: Die Abschiedsfeier des Königlichen Joachimsthalschen Gymnasiums, S. 13
15. vgl. Siegfried Joost: Die Geschichte des Joachimsthalschen Gymnasiums, S. 100.
16. ebd. S. 108.
17. Vgl. August Nebe: Die Abschiedsfeier des Königlichen Joachimsthalschen Gymnasiums, S. 18.
18. Eine schöne Beschreibung der Templiner Alumnatsschule findet sich neuerdings in Hans Joachim Schädlich, Kokoschkins Reise, S. 82ff.
19. Siegfried Joost: Das Joachimsthalsche Gymnasium, S. 150.
20. Adolf von Harnack (1851–1930), Theologe und Kirchenhistoriker, war Professor an der Berliner Universität, Mitglied der Preußischen Akademie der Wissenschaften und (ab 1911) Präsident der „Kaiser-Wilhelm-Gesellschaft zur Förderung der Wissenschaft".
21. August Nebe: Die Abschiedsfeier des Königlichen Joachimsthalschen Gymnasiums, S. 23.

22. Siegfried Joost: Das Joachimsthalsche Gymnasium, S. 10.
23. August Nebe: Die Abschiedsfeier des Königlichen Joachimsthalschen Gymnasiums, S. 23.
24. Hermann Lietz (1868–1919) gilt als Vertreter der modernen Internatsschule. Er gründete 1898 sein erstes „Landerziehungsheim", Beginn einer Landerziehungsheimbewegung mit vielen Heimgründungen, von denen die Odenwaldschule eine der bekanntesten ist. August Nebe stimmte Lietz darin zu, dass sich die Erziehungsgemeinschaft einer Internatsschule an der Familie als ihrem Vorbild orientieren muss.
25. Siegfried Joost: Das Joachimsthalsche Gymnasium, S. 108.
26. ebd. S. 108.
27. ebd. S. 112.
28. August Nebe: Eine theoretische und eine praktische Lösung der Alumnatsfrage im Zeitalter der Reformation, S. 284.
29. ebd. S. 288.
30. ebd. S. 289.
31. ebd. S. 287.
32. August Nebe: Die Abschiedsfeier des Königlichen Joachimsthalschen Gymnasiums, S. 5.
33. August Nebe: Lebenslauf, S. 5.
34. Pastor Richard Kirstein (1844–1926) hat im Jahre 1891 die Weiterführung der Arbeit des im Jahre 1855 gegründeten Templiner Rettungshauses ermöglicht, eines Heims „für verwahrloste Knaben und Mädchen". Seit dem Jahre 1913 ist das Heim unter dem Namen „Waldhof" bekannt. In Richard Kirsteins „Lebensbeschreibung" heißt es: „In der Erzählung von der Erbschaft aus Amerika habe ich berichtet, wie unserer Familie eine bedeutende Erbschaft zufiel; noch ahnten wir im Jahre 1890 nicht, wie der grösste Teil jener Summe durch Leichtsinn und Untreue eines jungen Verwandten verloren ging; noch ehe dies uns bekannt wurde, bot sich eine günstige Gelegenheit, einen Teil des Geldes für eine Arbeit der inneren Mission zu verwenden." Das Templiner Rettungshaus „entfremdete sich in den 60er und 70er Jahrzehnten mehr und mehr den Gemeinden des Templiner Kreises, für welche und von welchen es eigentlich gegründet war ... Die Zahl der Zöglinge war 1890 bis auf 9–10 gesunken und diese zu ernähren, fehlten die Mittel. Da lag der Gedanke nahe, diese geringe Arbeit aufzugeben und das Haus zu verkaufen. Diese Sachlage erkannten wir beide [also Pastor Kirstein und seine Frau] als eine göttliche Fügung, und wir kauften das Grundstück an dem Anfang der Prenzlauer Str., ganz nahe an dem See gelegen, für 14.000 Thaler... Das Haupthaus sollte als Herberge zur Heimat dienen ..." Im Jahre 1916 wurde Richard Kirstein zum Ehrenbürger von Templin ernannt. Vgl. Chronik der Familie Kirstein, S. 96.
35. August Nebe: Lebenslauf S. 4.

36. Zu Sextus Empiricus vgl. Anmerkung I. 18.
37. August Nebe in einem Brief vom 3.7.1914 aus dem Thüringer Wald an seine Frau Franziska.
38. Klaus- Dieter Bruns: Chronik der Familie Kirstein, S. 103.
39. August Nebe: Chronik der Familie Nebe, S. 32 u. S. 33. Von Hans Nebe sind Feldpostbriefe erhalten, aus denen Anfang 1917 noch eine ungebrochene Kriegsbegeisterung spricht.
40. August Nebe: Lebenslauf, S. 6f.
41. Theobald Ziegler, August Nebe: Geschichte der Pädagogik, S. 425.
42. Siegfried Joost: Das Joachimsthalsche Gymnasium, S. 152.
43. August Nebe: Lebenslauf, S. 7.
44. ebd. S. 7.
45. Siegfried Joost: Das Joachimsthalsche Gymnasium, S. 150.
46. ebd. S. 164.
47. ebd. S. 172.
48. ebd. S. 172.
49. Vgl. Heinz Wegener: Das Joachimsthalsche Gymnasium – Die Landesschule Templin/Ein Berlin-Brandenburgisches Gymnasium im Mahlstrom der deutschen Geschichte 1607–2007, S. 214.
50. Der Joachimsthaler Lehrer Gustav Lehmann (1853–1928) legte 1883 in Wilmersdorf einen Botanischen Garten an, der der Veranschaulichung des Unterrichts dienen sollte. Im Jahre 1911 wurde der Botanische Garten nach Templin überführt und von Dr. Wilhelm Gerhardt weiter betreut.
51. Dr. Wilhelm Gerhardt in einem Brief an den Verfasser vom 31. 10. 2002.
52. ebd. Neuerdings besteht die Hoffnung, dass auf dem verwaisten Gelände des Joachimsthalschen Gymnasiums wieder eine Schule entsteht. Einer Meldung der „Templiner Zeitung" vom 27.8.2007 ist zu entnehmen, dass ein Berliner Geschäftsmann das Schulgebäude an der Prenzlauer Allee gekauft hat, um dort u. a. eine integrative Schule zu errichten, in der junge Menschen einen Abschluss der 10. Klasse, einer IT-Fachschule oder das Abitur erlangen können.

2. Halle und die Franckeschen Stiftungen

1. August Nebe: Lebenslauf, S. 7.
2. ebd. S. 7.
3. ebd. S. 7.
4. August Nebe: Chronik der Familie Nebe, S. 3f. Die sogenannten „Deutschen Schulen", also die Schulen ohne Lateinunterricht, dienten der Berufsvorbereitung.
5. August Nebe: Chronik der Familie, S. 4.
6. „Glückwunsch auf die Nebe und Wagnerische Eheverbindung am 9. September 1766." Vgl. „Quellen zur Familiengeschichte" im Literaturverzeichnis.

7. Für die Darstellung der Geschichte der Franckeschen Stiftungen wurde herangezogen: Helmut Obst, A. H. Francke und die Franckeschen Stiftungen in Halle, Göttingen 2002.
8. Der dänische König Friedrich IV. (1671–1730) hatte ein Missionsprojekt in Indien initiiert, das von Francke unterstützt wurde.
9. Carl Hildebrand von Canstein (1667–1719), ein großzügiger Förderer des Franckeschen Werkes, ließ einen so genannten "stehenden Drucksatz" der Bibel herstellen, der einen kostengünstigen Bibeldruck ermöglichte. Durch die Initiative von Cansteins entstand die erste deutsche Bibelanstalt.
10. Helmut Obst: A. H. Francke und die Franckeschen Stiftungen in Halle, S. 73.
11. Vgl. August Nebe: Friedrich Wilhelm I. und Gotthilf August Francke, S. 105 ff.
12. August Hermann Niemeyer (1754–1828), Urenkel August Hermann Franckes, war weit über Halle hinaus bekannt. Freiherr vom Stein hatte ihn zum Leiter des Kultur- und Unterrichtswesens im preußischen Innenministerium machen wollen. Nach Niemeyers Absage wurde Wilhelm von Humboldt berufen.
13. Vgl. Helmut Obst: A. H. Francke und die Franckeschen Stiftungen in Halle, S. 107.
14. ebd. S. 111.
15. Klaus-Dieter Bruns: Chronik der Familie Kirstein, S. 114.
16. ebd. S. 114.
17. ebd. S. 114.
18. Vgl. August Nebe: Lebenslauf, S. 8.
19. ebd. S. 7.
20. ebd. S. 9.
21. ebd. S. 8.
22. Friedrich Mahling, Karl Mirbt, August Nebe (Hrsg.): Zum Gedächtnis August Hermann Franckes Halle/Saale 1927. Friedrich Mahling (1865–1933) war Professor für praktische Theologie in Berlin und Mitglied des Centralausschusses der Inneren Mission. Carl Mirbt (1860–1929) war Kirchenhistoriker. Er lehrte in Marburg und Göttingen. Sein Forschungsinteresse galt besonders den „Quellen der Geschichte des Papsttums und des römischen Katholizismus".
23. ebd. Vorwort.
24. ebd. Vorwort.
25. ebd. S. 113.
26. Johann Julius Hecker gründete im Jahre 1747 in Berlin eine „ökonomisch-mathematische Realschule", die erste Realschule in Deutschland.
27. Vgl. August Nebe: Lebenslauf, S. 8.
28. Schon zu seinen Templiner Zeiten hielt August Nebe Kontakt zur Berliner Comenius-Gesellschaft. 1909 hielt er dort einen Vortrag.

29. August Nebe: Lebenslauf, S. 9.
30. Gemeint ist die Mitarbeit an der im Zeitraum von 1928 bis 1938 stattfindenden sprachlichen Überarbeitung der Luther-Übersetzung des Neuen Testaments vom griechischen Urtext aus.
31. August Nebe gab u. a. die „Geschichte der Pädagogik" von Theobald Ziegler neu heraus. Vgl. Literaturverzeichnis.
32. August Nebe (Hrsg.): Lehrproben, vgl. Literaturhinweise S. 108.
33. August Nebe: Lebenslauf, S. 9.
34. ebd. S. 9.
35. Hans-Martin Nebe: Gedenkschrift zum 100. Geburtstag von Dr. Martin Nebe (1902–1972).
36. Bezug genommen wird hier und im Folgenden auf Artikel in den Halleschen Nachrichten vom 27. 9. 1934 und vom 28. 4. 1943.
37. Rosemarie Siebold-Nebe: Die Franckeschen Stiftungen – eine 300-jährige Schulstadt in Deutschland, S. 7.
38. Vgl. Helmut Obst: A. H. Francke und die Franckeschen Stiftungen in Halle, S. 113.
39. ebd. S. 120.
40. Hans-Martin Nebe: Gedenkschrift zum 100. Geburtstag von Dr. Martin Nebe (1902–1972).

IV. VERSTEHENSVERSUCHE

1. August Nebe: Die Abschiedsfeier des Königlichen Joachimsthalschen Gymnasiums, S. 23.
2. August Nebe: Melanchthon, S. 8f.
3. ebd. S. 35. Michael Neander (1525–1595), Schüler Melanchthons, einer der bekannteren Schulmänner des 16. Jh.
4. August Nebe: Die Abschiedsfeier des Königlichen Joachimsthalschen Gymnasiums, S. 7.
5. ebd. S. 24.
6. August Nebe: Comenius als Mensch, Pädagog und Christ, S. 1. Zu Comenius vgl. Anmerkung I.1.
7. ebd. S. 8.
8. ebd. S. 10.
9. ebd. S. 11.
10. ebd. S. 14.
11. August Nebe: Bleibend Wertvolles in A. H. Franckes Pädagogik, S. 1.
12. ebd. S. 1.
13. ebd. S. 2.
14. ebd. S. 3.
15. ebd. S. 2.

16. Theobald Ziegler, August Nebe: Geschichte der Pädagogik, S. 439.
17. ebd. S. 439.
18. ebd. S. 439f.
19. August Nebe: Goethes Erziehungsideen und Bildungsideale, S. 6f.
20. ebd. S. 12.
21. ebd. S. 19.
22. August Nebe: Comenius als Mensch, Pädagog und Christ, S. 17.
23. Theobald Ziegler, August Nebe: Geschichte der Pädagogik, S. 428.
24. August Nebe: Die Abschiedsfeier des Königlichen Joachimthalschen Gymnasiums, S. 12.
25. Theobald Ziegler, August Nebe: Geschichte der Pädagogik, S. 426.
26. ebd. S. 437.
27. August Nebe: Die Abschiedsfeier des Königlichen Joachimthalschen Gymnasiums, S. 23.
28. Theobald Ziegler, August Nebe: Geschichte der Pädagogik, S. 437.
29. ebd. S. 440.
30. August Nebe (sen.): Klosterschule Roßleben, S. 27.
31. Festschrift des Johanneums von 1956, S. 22.
32. Gerhard Besier: Religion*Nation*Kultur, S. 16.
33. Theodor Ziegler, August Nebe: Geschichte der Pädagogik, S. 428. Die bekannte Formulierung von Friedrich Schleiermacher, nach der die Beziehung des Menschen zu Gott als Gefühl einer „schlechthinnigen (=unbedingten) Abhängigkeit" erlebt wird, war August Nebe offenbar nicht „stark" genug.
34. RGG 3. Aufl. Bd. VI, Sp. 1424, Art. „Völkische Bewegung".
35. August Nebe: Melanchthon, S. 36.
36. August Nebe: Die Abschiedsfeier des Königlichen Joachimthalschen Gymnasiums, S. 11.
37. ebd. S. 23.
38. ebd. S. 23.
39. Zu Comenius vgl. Anm. I.1.
40. August Nebe: Comenius als Mensch, Pädagog und Christ, S. 19.
41. August Nebe: Die Abschiedsfeier des Königlichen Joachimthalschen Gymnasiums, S. 23.
42. H. W. Bock: Anthropologische Zusammenhänge und pädagogische Ziele ..., S. 2. Johann Heinrich Pestalozzi (1746–1827), der große schweizerische Pädagoge und Sozialreformer, wird bei Bock mit dem Satz zitiert: „Es ist vielleicht das schrecklichste Geschenk, das ein feindlicher Genius dem Zeitalter macht: Kenntnisse ohne Fertigkeiten."
43. August Nebe: Comenius als Mensch, Pädagog und Christ, S. 2.
44. Vgl. H. W. Bock: Anthropologische Zusammenhänge und pädagogische Ziele ..., S. 1.
45. ebd. S. 3.

46. August Nebe: Comenius als Mensch, Pädagog und Christ, S. 15f.
47. August Nebe: Thomasius in seinem Verhältnis zu A. H. Francke, S. 398.
48. August Nebe: Bleibend Wertvolles in A. H. Franckes Pädagogik, S. 2.
49. Alfred E. Hoche (1865–1943) war von 1902 bis 1934 Ordinarius für Psychiatrie an der Universität Freiburg. Zusammen mit dem Juristen K. Binding veröffentlichte er im Jahre 1920 die problematische, Euthanasiemaßnahmen befürwortende Schrift: „Die Preisgabe der Vernichtung lebensunwerten Lebens. Ihr Maß und ihre Form." Die Schrift stieß – zumal in der evangelischen Kirche – auf breite Ablehnung. Im Briefwechsel zwischen Hoche und August Nebe wird auf diese Schrift nicht Bezug genommen.
50. August Nebe: Goethes Erziehungsideen und Bildungsideale. Vgl. Literaturhinweise S. 108.
51. Brief von Alfred E. Hoche an August Nebe vom 8.1.1932 aus Freiburg.
52. ebd.
53. ebd.
54. Vgl. August Nebe: Comenius als Mensch, Pädagog und Christ, S. 18.
55. ebd. S. 17.
56. ebd.
57. August Nebe: Bleibend Wertvolles in A. H. Franckes Pädagogik, S. 1. Gerhard Tersteegen (1697–1769), ev. Mystiker, Verfasser von Kirchenliedern.
58. August Nebe: Friedrich Wilhelm I. und Gotthilf August Francke, S. 118.
59. Vgl. Einleitung, Anmerkung 2.
60. Vgl. Marcel Reich-Ranicki: Mein Leben, S. 68.
61. Im „Manifest der [93 deutschen] Intellektuellen" identifizierten sich Theologen, Philosophen, Naturwissenschaftler und Künstler mit der Kriegspolitik von Wilhelm II. Vgl. Karl Barth: Die protestantische Theologie im 19. Jahrhundert, Bd. 2, S. 599.
62. Horst Krüger: Preußen persönlich. Kleine Heimatkunde, S. 277.
63. Vgl. Theobald Ziegler, August Nebe: Geschichte der Pädagogik, S. 437.
64. Marion Gräfin Dönhoff ist der mit der Thronbesteigung von Wilhelm II (1888) einsetzende „Wilhelminismus" nur noch „pseudopreußisch", nicht zuletzt wegen der „Überbetonung des Militärischen" und des Schemas von „Befehl und (kritiklosem) Gehorsam". Vgl. Marion Gräfin Dönhoff: Der frühe Tod des alten Preußen, S. 9.
65. August Nebe: Melanchthon, S. 20.
66. ebd. S. 35.

NACHWORT

1. Wilhelm Raabe in „Der alte Musäus". Sämtliche Werke („Braunschweiger Ausgabe") Erg.bd. 5, S. 269.

LITERATURHINWEISE

Quellen zur Familiengeschichte

Hermann David Hecker, David Gottlieb Niemeyer, August Hermann Niemeyer, Gotthilf Anton Niemeyer: *Glückwunsch auf die Nebe und Wagnerische Eheverbindung am 9. September 1766*, Halle 1766.

Ohne Angabe des Verfassers oder Herausgebers: *Zum 11. Mai 1892, dem Tage der goldenen Hochzeit unserer lieben heimgegangenen Eltern Johann Heinrich Martens und Franziska Martens, geb. Buck*, Elberfeld 1892.

Ohne Angabe des Verfassers oder Herausgebers: *Dem Andenken des in Gott ruhenden Professor Dr. theol. August Nebe, Pastor in Roßleben a./U.*, Elberfeld 1895.

Friedrich Nachtigal: *Die Familie Keßler und die mit ihr verwandte Familie Petzold – Diesdorf bei Gräbersdorf*, Kr. Striegau 1911.

August Nebe (1864–1943): *Chronik der Familie Nebe 1634–1935*. Unveröffentlicht, Halle/Saale 1935.

August Nebe (1864 -1943): *Lebenslauf*. Unveröffentlicht.

Briefe aus dem Familienarchiv: *Briefe von August Nebe, seiner Frau Franziska und dem zweitältesten Sohn Hans*.

Rosemarie Siebold-Nebe: *Die Franckeschen Stiftungen – eine 300-jährige Schulstadt in Deutschland*. Gütersloh 1999. Unveröffentlicht.

Klaus Dieter Bruns: *Chronik der Familie Kirstein aus Pommern*, Ammerndorf 2000.

Hans-Martin Nebe: *Gedenkschrift zum 100. Geburtstag von Dr. Martin Nebe (1902–1972)*, Bocholt 2002. Unveröffentlicht.

Primärliteratur

August Nebe (1826–1894):

Die evangelischen Perikopen des Kirchenjahres.
Band 1 (Wiesbaden 1869), Band 2 (Wiesbaden 1869),
Band 3 (Wiesbaden 1870).
Die epistolischen Perikopen des Kirchenjahres.
Bände 1–3, 2. Auflage, Wiesbaden 1883.
Geschichte des Klosters Roßleben. In: Zeitschrift des Harz-Vereins für Geschichte und Altertumskunde, 18. Jahrgang 1883, Wernigerode 1886, Nachdruck Heimatverein Roßleben, Roßleben 1994.
Die Klosterschule Roßleben. Roßleben o. J. Nachdruck Heimatverein Roßleben, Roßleben 1994.

August Nebe (1864–1943):

De mysteriorum eleusiniorum tempore et administratione publica.
(Dissertatio inauguralis philologica), Halle 1886.

Comenius als Mensch, Pädagog und Christ. Bielefeld 1891.

Vives, Alstedt, Comenius in ihrem Verhältnis zu einander. Elberfeld 1891.

Melanchthon, der Lehrer Deutschlands. Bielefeld 1891.

Zwei berühmte Bilderbücher für den Unterricht. Sammlung Pädagogischer Vorträge, XI. Band, Heft 9. Bonn/Berlin/Leipzig 1898.

Geschichte des Johanneums zu Lüneburg 1806–1906. In: Festschrift zur 500- jährigen Jubelfeier des Johanneums 26.–28. September 1906. Lüneburg 1906.

Zu Sextus Empiricus. In: Berliner Philologische Wochenschrift, 29. Jahrgang, 1909 (S. 1453–1456). Leipzig 1909.

Die Abschiedsfeier des Königlich Joachimsthalschen Gymnasiums in Berlin-Wilmersdorf, der Neubau in Templin und die Einweihungsfeier. Beilage zu dem Jahresbericht über das Kgl. Joachimsthalsche Gymnasium in Templin für das Schuljahr 1912/1913. Halle/Saale 1913.

Eine theoretische und eine praktische Lösung der Alumnatsfrage im Zeitalter der Reformation. In: Das Alumnat. Eine pädagogische Zeitschrift. Nr. 8, II. Jahrg. Berlin – München 1913.

Theobald Ziegler, August Nebe: *Geschichte der Pädagogik mit besonderer Rücksicht auf das höhere Unterrichtswesen.* Handbuch der Erziehungs- und Unterrichtslehre für höhere Schulen. Band 1, Abteilung 1; 5, durchgesehene und ergänzte Auflage. München 1923.

(Hrsg.) *Ordnung für das Lehramt an höheren Schulen und Ordnung der praktischen Ausbildung für das Lehramt an höheren Schulen in Preußen.* Halle 1924.

August Hermann Franckes Bedeutung für die Innere Mission. In: Die Diakonisse. 2 (1927). S. 173–177.

August Hermann Francke, der evangelische Pädagoge: zu seinem 200jährigen Todestag am 8. Juni 1927. In: Evangelische Pädagogik (1927). S. 97–103.

Francke und die Bibel. In: Friedrich Mahling, Karl, Mirbt, August Nebe (Hrsg.): Zum Gedächtnis August Hermann Franckes. Zu seinem 200jährigen Todestage am 8. Juni 1927, S. 1–3. Halle/Saale 1927.

Francke und die Schule. Ebd. S. 113–123.

(Hrsg.) *Lehrproben und Lehrgänge für die Praxis der Schulen.* Vierteljahresschrift. Halle/Saale.

Goethes Erziehungsideen und Bildungsideale. In: Lehrproben und Lehrgänge für die Praxis der Schulen. Jahrgang 1931 (Heft 184–187), S. 1–19. Halle/Saale 1931.

*Zum 275. Todestag August Hermann Franckes/Bleibend Wertvolles in
A. H. Franckes Pädagogik.* Beitrag in der Festschrift zur Fünfzig-Jahr-Feier
des Schülerturnvereins Friesen in den Franckeschen Stiftungen zu Halle/
Saale. Halle 1931. In: Francke-Blätter (2002)2. – S. 1–3.
Thomasius in seinem Verhältnis zu A. H. Francke. In: Christian Thomasius,
Leben und Lebenswerk 1931, S. 385–416.
*Die Franckeschen Stiftungen und die Mission (Geschichten und Bilder aus der
Mission Nr. 38).* Halle (Saale) 1933.
Die von Cansteinsche Bibelanstalt in den Franckeschen Stiftungen.
Halle (Saale) 1934.
Aus Speners Dresdner Briefen an eine Freundin in Frankfurt a. M.
Sonderdruck aus Theologische Studien und Kritiken 106. Band.
Neue Folge I, Heft 4. Gotha. Jahrgang 1934/35.
Friedrich Wilhelm I. und Gotthilf August Francke. In: Christoterpe. Ein Jahrbuch für das Deutsche Haus, 103. Jahrgang, S. 105–125. Halle/Saale 1937.

Sekundärliteratur

Alma Mater Joachimica. *Vierteljahresschrift „Der alte Joachimsthaler",*
Neue Folge 1, Berlin 1956.
Karl Barth: *Die protestantische Theologie im 19. Jahrhundert,* Bd. 2.
Zürich 1946.
Gerhard Besier: *Religion*Nation*Kultur.* Neukirchen-Vluyn 1992.
H. W. Bock: *Anthropologische Zusammenhänge und pädagogische Ziele
bei der Planung der Kollegschule in Bethel.* Bielefeld o. J. Unveröffentlicht.
Gerhard Bondi (Hrsg.): *August Hermann Francke. Festreden und Kolloquium
über den Bildungs- und Erziehungsgedanken bei August Hermann Francke
aus Anlass der 300. Wiederkehr seines Geburtstages 22. März 1963.*
Martin-Luther-Universität Halle-Wittenberg 1964.
Manfred Botzenhart: *Reform, Restauration, Krise/Deutschland 1789–1847.*
Moderne deutsche Geschichte Band 4, 1. Auflage, Frankfurt 1985.
Helmut Caspar: *Die Beine der Hohenzollern/Was Primaner des Joachimsthalschen Gymnasiums über die Siegesallee schrieben und was Wilhelm II.
von den Aufsätzen hielt.* Berlin 2007.
Das Johanneum 1906–1923. In: Das Johanneum zu Lüneburg. Festschrift des
Johanneums von 1956, Kap. 4, Lüneburg 1956.
Marion Gräfin Dönhoff: *Der frühe Tod des alten Preußen.* In: DIE ZEIT
vom 18. 1. 2001, Nr. 4, S. 9.
*Festschrift zur Hundertjahrfeier des Königlichen Theologischen Seminars
in Herborn 1818–1919,* S. 49–52.
Manfred Fuhrmann: *Bildung.* Stuttgart 2002.
Geschichte des Plöner Gymnasiums – www.gym-schloss-ploen.de.

Werner Heintz: *Studien zu Sextus Empiricus. Schriften der Königsberger Gelehrten Gesellschaft.* Sonderreihe Band. 2, Halle/Saale 1923.

Franz Hessel: *Alter Mann.* Frankfurt/M. 1987.

Carl Hinrichs: *Preußentum und Pietismus.* Göttingen 1971.

Alfred E. Hoche: *Jahresringe.* München 1934.

H. Hohlwein: *Die völkische Bewegung.* In: Die Religion in Geschichte und Gegenwart (RGG), 3. Auflage, Bd. 6. Sp. 1424ff., Tübingen 1962.

Johanneum Lüneburg Chronik – www.fh-lueneburg.de.

Siegfried Joost: *Das Joachimsthalsche Gymnasium. Festschrift zum Gedenken an die 375jährige Wiederkehr der Gründung des Joachimsthalschen Gymnasiums am 24. August 1982.* Wittlich 1982.

Horst Krüger: *Preußen persönlich. Kleine Heimatkunde.* In: Jürgen Israel und Peter Walther (Hrsg.), Musen und Grazien in der Mark – 750 Jahre Literatur in Brandenburg, S. 273–277. Berlin 2002.

Lutz Libert: *Templin in alten Ansichten.* Zaltbommel, Niederlande 1997.

Golo Mann: *Deutsche Geschichte des XIX. Jahrhunderts.* Frankfurt/ M. 1958.

Helmut Obst: *A. H. Francke und die Franckeschen Stiftungen in Halle.* Göttingen 2002.

Hans Oppermann: *Die Gestalt des Lehrers in Raabes Werk.* In: Mitteilungen der Raabe Gesellschaft 44. Jahrgang 1957, Heft 3, S. 81–97.

Wilhelm Raabe: *Die Chronik der Sperlingsgasse.* Berlin 1864.

Albert Reble: *Geschichte der Pädagogik.* Stuttgart 1962.

M. Regler, R. Tobler: *Alma Mater Joachimica.* Templin 1929.

Marcel Reich-Ranicki: *Mein Leben*, 3. Aufl. Stuttgart 1999.

Hans Joachim Schädlich: *Kokoschkins Reise.* Rowohlt Reinbek 2010.

Manfred Schlenke (Hrsg.): *Ausstellungskatalog „Preußen, Versuch einer Bilanz"*, Bände 1–5. Hamburg 1981.

Horst Stephan, Martin Schmidt: *Geschichte der evangelischen Theologie in Deutschland seit dem Idealismus*, 3. Auflage. Berlin- New York 1973.

Hans Erich Stier: *Deutsche Geschichte im Rahmen der Weltgeschichte.* Berlin- Darmstadt- Wien 1958.

Hans- Peter Ullmann: *Das Deutsche Kaiserreich 1871–1918.* Moderne Deutsche Geschichte Band 7, Frankfurt/M. 1995.

Antje Vollmer: *Doppelleben.* Eichborn Verlag 2010.

Heinz Wegener: *Das Joachimsthalsche Gymnasium – Die Landesschule Templin/Ein Berlin-Brandenburgisches Gymnasium im Mahlstrom der deutschen Geschichte von 1607–007*, Berlin 2007.

J. Wienecke u. a. (Hrsg.): *Von der Hohen Schule zum Theologischen Seminar Herborn 1584–1984.* Herborn 1984.

Melanie Zahn: *Leben und Werk August Nebes (1864–1943) unter besonderer Berücksichtigung der Alumnatserziehung.* Magisterarbeit. Unveröffentlicht. Potsdam o. J.

VERZEICHNIS DER ABBILDUNGEN

S. 9 Porträtaufnahme von August Nebe, Lüneburg 1906. Nebe-Familienarchiv.

S. 14 Pfarrhaus I in Herborn, Foto aus dem Jahre 2005. Aufnahme: Theo Küppers, Mönchengladbach.

S. 19 Klosterschule Roßleben, Darstellung der Klosterschule um 1800. Abdruck mit freundlicher Genehmigung des Vereins „Klosterschule Rossleben – Ehemalige und Förderer e.V.".

S. 22 Holzschnitt vom Straßburger Münster, Sign. Böhm, o. J., aus dem Nachlass von August Nebe.

S. 30 Das Johanneum Lüneburg im 1870–1872 entstandenen neuen Gebäude. Nebe-Familienarchiv.

S. 33 August Nebe mit seinen fünf Söhnen. In Lüneburg entstandenes Foto aus dem Jahre 1906. Nebe-Familienarchiv.

S. 37 Foto des Comenius-Denkmals in Herborn. Abdruck mit freundlicher Genehmigung der Stadtmarketing Herborn GmbH.

S. 43 Einweihung des Königlichen Joachimsthalschen Gymnasiums in Templin. Foto der Berliner Illustrationsgesellschaft vom 7.11.1912. Nebe-Familienarchiv.

S. 44 Lageplan des Königlichen Joachimsthalschen Gymnasiums in Templin. In: Beilage zu dem Jahresbericht über das Königliche Joachimsthalsche Gymnasium in Templin für das Schuljahr 1912/Templin 1913. Halle/Saale 1913, Bildbeilage S. 1.

S. 45 Königliches Joachimsthalsches Gymnasium in Templin mit dem Denkmal des Kurfürsten Joachim-Friedrich. In: Beilage zu dem Jahresbericht über das Königliche Joachimsthalsche Gymnasium in Templin für das Schuljahr 1912/Templin 1913. Halle/Saale 1913, Bildbeilage S. 17.

S. 60 Porträt Johann Friedrich Nebe (1736–1812). Nebe-Familienarchiv.

S. 61 Porträt Sofie Wilhelmine Auguste Nebe, geb. Wagner (1746–1814). Nebe-Familienarchiv.

S. 63 „Franckesche Stiftungen zu Halle". Kupferstich von Gottfried August Gründler aus dem Jahre 1749. Abdruck mit freundlicher Genehmigung der Franckeschen Stiftungen, Halle/Saale.

S. 65 Postkarte zur Erinnerung an das 200-jährige Bestehen der Franckeschen Stiftungen. Nebe-Familienarchiv.

S. 68 „Hallesches Reformwerk". Radierung von Hartmut Berlinicke. Abdruck mit freundlicher Erlaubnis des Künstlers.

S. 72 Foto von August Nebe aus dem Jahre 1939. Nebe-Familienarchiv.

S. 74 Die Kulissenbibliothek der Franckeschen Stiftungen. Abdruck mit freundlicher Genehmigung der Franckeschen Stiftungen, Halle/Saale.

S. 75 Die evangelische Kirche zu Herborn. Foto aus dem Jahre 2005. Aufnahme: Theo Küppers, Mönchengladbach.